어린이와 청소년을 위한

초등 정보보안 인문학

박남제, 최은선 저 · 원채은 그림

도서출판 홍릉

어린이와 청소년을 위한
초등 정보보안 인문학

인쇄 : 2024년 8월 27일 초판 1쇄
발행 : 2024년 9월 2일 초판 1쇄

저자 : 박남제, 최은선 저
원채은 그림

발행인 : 송준
발행처 : 도서출판 홍릉

주 소 : 서울시 강북구 인수봉로 50길 10
전 화 : 02-999-2274~5 **팩 스** : 02-905-6729
e-mail : hongpub@hongpub.co.kr
홈페이지 : www.hongpub.co.kr

편집 진행 : 앤미디어(master@nmediabook.com) | **전산 편집** : 앤미디어 | **표지** : 앤미디어

ISBN : 979-11-5600-218-5(93000)
정 가 : 11,000원

머리말

우리 아이들의 가능성을 활짝 열어주세요.
미래 유망직업 1위 정보보안 분석가가 되는 첫 발걸음, 이 책으로 시작하세요!
왜냐구요? **초등학생 눈높이에 맞춘 정보보안 도서는 이 책이 '유일'하기 때문이죠.**

2022년 U.S. News & World Report가 선정한 미래 유망직업 1위는 정보보안 분석가입니다. 미국 노동부에서는 정보보안 관련 직업이 2018년부터 2028년까지 십 년간 35.5%의 성장률을 보이며 가장 빠르게 성장하는 상위 10개 직종 중 하나가 될 것이라고 예상하고 있습니다. 더욱 놀라운 사실은 사이버 보안 분야는 2011년 이후 거의 실업이 발생하지 않았다는 것입니다. 전 세계 대기업들은 정보보호최고책임자(CISO)를 임용하고 있습니다. 그만큼 기업 안에서 정보를 보호하는 업무가 굉장히 중대한 일이기 때문입니다. 이처럼 앞으로 정보보안 관련 직업의 수요는 더욱 증가할 전망입니다. 이 책은 학생들이 정보보안에 대한 이해를 높이고 이를 경력으로 삼을 수 있는 기회를 열어줍니다.

이 책의 최초 기획은 교육부가 주관하는 디지털새싹 사업의 일환으로, 강사들이 초등학생을 대상으로 〈초등 정보보안 인문학〉을 수업할 때 활용할 수 있도록 개발되었습니다. 그리고 디지털새싹에 참여하는 강사에만 이 책이 국한되는 것이 아쉽다는 연구진의 판단이 있었습니다. 더 많은 교사가, 학부모가 이 책을 활용해서 정보보안 지식을 우리 아이들에게 알려주기를 바라는 마음에 출판사와 계약을 맺고 인쇄와 출판을 하게 되었습니다.

정보보안 인문학은 정보보안 기술과 인문학의 경계를 넘나드는 분야이자 학문입니다. 이 책에서는 우리나라 설화, 전설, 민담 등의 다양한 이야기 안에서 정보보안 기술들의 개념과 원리를 발견하는 33개의 다채로운 활동을 통해 학생들의 문해력과 함께 융 · 복합 사고력을 함양하는 데 도움이 되고자 합니다. 활동을 수행할 수 있는 활동지는 독서 지도안으로도 활용할 수 있습니다. 또한 실제로 챗 GPT를 사용하여 정보보안 기술을 설명한 내용을 도서에 추가하여 인공지능과 함께 학습하는 경험도 제공합니다. 물론, 챗 GPT는 실수를 할 수 있기 때문에 정확한 내용 전달을 위해 저자의 감수가 있었음을 알려드립니다.

이 책을 통해 많은 어린이와 청소년이 정보보안 기술을 접하고 친근하게 느낄 수 있기를 바랍니다. 더불어, 우리 학생들이 인공지능이 대체할 수 없는 역량을 키워 디지털 기술의 단순한 사용자가 아닌 개발자, 향유자, 그리고 창작자로 성장하기를 기대해봅니다.

저자 박남제, 최은선

미리 보는 정보보안 기술

이 책으로 무엇을 알게 되나요?

메타버스 기술

여러분, '포켓몬 고', '모여봐요 동물의 숲' 게임 해본 적 있나요?
그렇다면 여러분, 이미 메타버스를 체험해본 거예요! 실제로는 안 보이는데 스마트폰으로 공원을 비춰보면 공룡이 나타나고, 가상 세계에서 친구들과 만나서 함께 놀 수 있게 만들어 주는 그 기술이 바로 메타버스랍니다.

양자 암호기술

해킹에 대해서 들어본 적 있나요?
여러분이 모르는 사이에 여러분의 정보를 빼내 가는 무시무시한 기술이에요. 양자 암호 기술은 해커들이 절대로 해킹을 할 수 없게 막는 신기한 기술이에요. 양자 암호를 사용하면 아무도 볼 수 없는 친구와 나만의 비밀 메시지를 만들 수 있어요.

피싱 공격

뉴스에서 어른들이 모르는 번호로 온 전화를 받고 큰돈을 보냈다가 찾을 수 없었다는 이야기 들어본 적 있나요?
사기꾼들은 전화나 문자, 이메일과 같은 수단으로 사람들을 속여 돈을 빼앗는다고 해요. 전화를 통해 공격하는 방법을 보이스 피싱이라고 하는데, 2021년 보이스 피싱으로 입은 피해액만 7천억 원이 넘는다고 해요.

안티 포렌식 기술

컴퓨터나 스마트폰으로 많은 일을 하는 요즘, 나쁜 사람들은 이것들을 사용해서 범죄를 저지르기도 하는데요.
안티 포렌식 기술은 경찰이 범죄자의 컴퓨터나 스마트폰에서 범죄의 중요한 증거를 찾아낼 수 없도록 없애 경찰 수사를 방해하는 기술을 말해요.

캡차 기술

인터넷에서 홈페이지에 회원 가입할 때 그림 맞추기를 해본 적 있나요?
이것을 캡차라고 한답니다. 캡차는 사람이 아닌 로봇이 나쁜 의도를 가지고 홈페이지에 접근하는지를 확인하는 방법이에요. 글자 맞추기, 그림 맞추기, 수학 문제 등 사람은 풀기 쉽지만 로봇은 풀기 어려운 문제를 낸답니다.

이 책의 구성

이야기 파헤치기

본격적으로 기술에 대해 배우기 전에 재미있는 이야기들로 준비 운동을 해봐요! 강림도령이 저승사자가 된 이야기, 힘센 장사 막산이가 꼼짝없이 죽게 된 이야기, 사만이가 무려 삼 천년을 살게 된 이야기, 김통정과 김방경 장군의 치열한 대결 이야기, 그리고 봉봉이와 옴팡이가 멋진 과일 대회에 나간 이야기로 여러분들을 초대할게요.

+ 이 이야기들은 『제주 이야기로 만나는 정보보안 인문학』 도서에서 발췌했습니다. 이야기들은 책의 가장 뒤편 부록에 있습니다.

챗 GPT와 기술 미리보기

이번 챕터에서는 무엇을 배울까? 인공지능에게 미리 들어봐요! 메타버스 속 정보보안 기술, 양자 암호기술, 피싱 공격과 방지 기술, 포렌식과 안티 포렌식 기술, 캡차 기술이 무엇인지 인공지능 기술로 만들어진 챗 GPT에게 물어보면 답을 해줄 거예요.

알아보기

이제 다양한 정보보안 기술에 대해 학습해요. 메타버스 속 정보보안 원칙을 지키는 법, 양자 암호기술이 해킹을 어떻게 완벽하게 막을 수 있는지, 피싱으로 인한 피해는 얼마나 심각한지, 안티 포렌식은 어떤 원리로 이루어지는지, 캡차에는 어떤 유형들이 있는지 자세히 알아보아요.

체험하기

알아보기에서 기술들의 개념과 원리를 알아보았다면 체험하기에서는 이 기술들을 체험할 수 있도록 구성했어요. VR 안경과 컴퓨터로 메타버스 공간을 탐험하고, 카드 게임과 놀이로 큐비트와 양자키분배 개념을 쉽고 재미있게 이해해보아요.

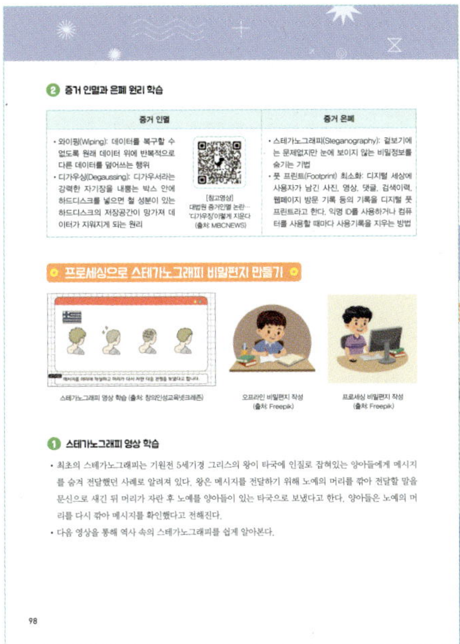

만들기

만들기에서는 배운 기술들을 활용해보는 시간이에요. 현실의 문제를 해결할 수 있는 메타버스 공간을 구축하고, 프로세싱으로 스테가노그래피 비밀편지를 만들어보아요.

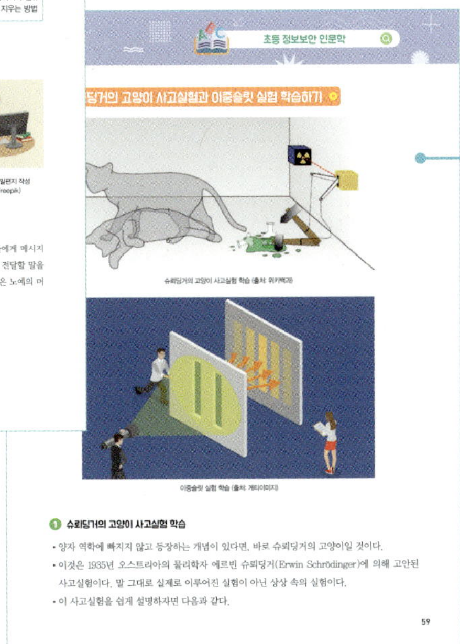

학습하기

학습하기에서는 우리가 알아보기에서 배운 기본적인 개념보다 조금 더 심화적인 개념을 다뤄요. 그리고, 프로그래밍 언어를 통한 코딩도 배울 수 있어요. 슈뢰딩거의 고양이 사고실험과 이중슬릿 실험이 무엇인지 공부해보고, 미로 찾기, 디지털 풋프린트 제거, 카이사르 암호 활동을 하면서 안티 포렌식을 제대로 이해할 수 있어요. 그리고 프로세싱 언어도 배워볼 수 있답니다

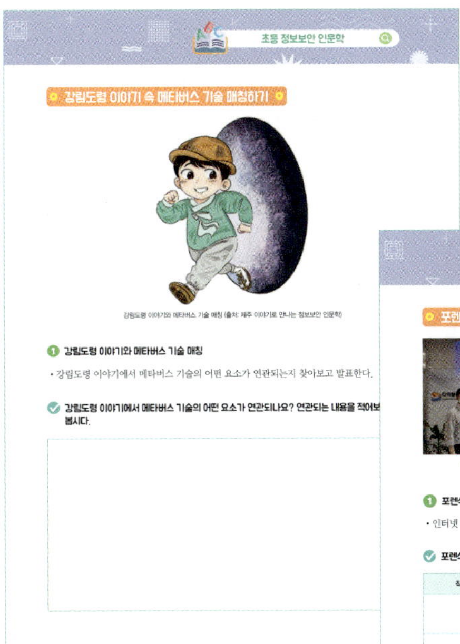

이야기 속 기술 매칭하기

이야기 파헤치기에서 읽었던 이야기를 다시 한번 펼쳐보아요. 그리고 이 이야기에서 우리가 배운 기술들의 어떤 요소가 연관되는지를 찾아보고 발표해요. 이 활동은 정보보안 기술과 인문학을 연결해서 융합적 사고력을 키울 수 있는 중요한 활동이에요.

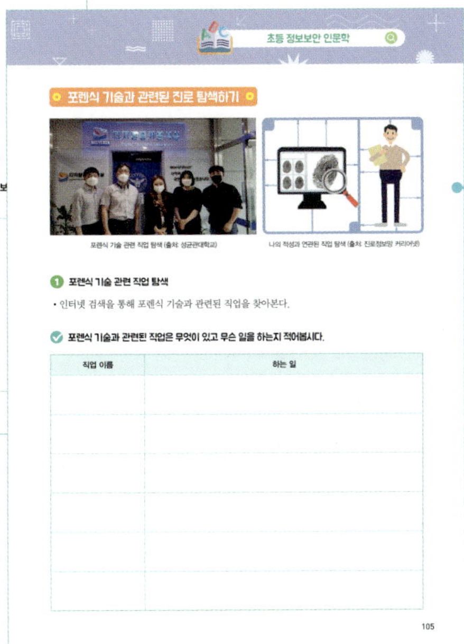

진로 탐색하기

이제껏 배운 기술과 관련된 직업이 무엇이 있는지 찾아봐요. 메타버스, 양자 암호, 피싱 예방, 포렌식과 관련된 직업을 찾아보고, 이 직업 중에서 여러분의 적성에 맞을 것 같은 직업을 골라요. 그 직업을 선택한 이유와 그 직업을 하면서 내가 잘할 수 있는 일은 무엇이 있는지 생각해보아요.

차 례

01 강림도령 이야기 속 메타버스 기술

02 힘센 장사 막산이 이야기 속 양자 암호기술

03 삼 천년을 산 사만이 이야기 속 피싱 공격

01

강림도령 이야기 속 메타버스 기술

수업 정보

이런 것들이 필요해요	스마트폰 / 태블릿 PC / 노트북 구글 카드보드			
학교 수업과는 이렇게 연결돼요	학년(군)	교과	성취기준	
	5-6학년	국어	[6국05-05]	작품에 대한 이해와 감상을 바탕으로 다른 사람과 적극적으로 소통한다.
	5-6학년	도덕	[6도02-01]	사이버 공간에서 발생하는 여러 문제에 대한 도덕적 민감성을 기르며, 사이버 공간에서 지켜야 할 예절과 법을 알고 습관화한다.

활동 내용 미리보기

◆ 강림도령 이야기 파헤치기
- 강림도령 이야기를 읽고 영화 '신과 함께' 속 강림도령 영상 찾아보기
- 강림도령 이야기의 등장인물을 설명하고 줄거리 요약하기

◆ 메타버스 기술과 메타버스 윤리 원칙 알아보기
- 메타버스의 개념과 유형(AR, Life-logging, 거울세계, 가상세계) 이해하기
- 메타버스 세상에서 지켜야 할 8대 윤리 원칙 알아보기

◆ VR 안경으로 미래 메타버스 공간 체험하기
- 구글 카드보드를 조립하고 스마트폰 연동 사용 방법 익히기
- 실감형 콘텐츠 앱을 통해 가상현실 세상 탐험하기

◆ 컴퓨터로 메타버스 공간 체험하기
- ZEP의 기본 사용 방법을 튜토리얼을 통해 익히기
- ZEP에서 제공하는 다양한 가상공간 체험하기

◆ 현실의 문제를 해결할 수 있는 메타버스 공간 만들기
- 메타버스 공간을 통해 해결할 수 있는 현실의 문제 찾아보기
- 친구들과 함께 협업하여 문제 해결을 위한 메타버스 공간 구축하기

◆ 강림도령 이야기 속 메타버스 기술 매칭하기
- 강림도령 이야기와 메타버스 기술이 어떤 연관이 있는지 찾아 발표하기

◆ 메타버스 기술 및 윤리원칙과 관련된 진로 탐색하기
- 학습한 기술과 윤리원칙을 되짚어보고 어떤 진로가 있는지 탐색하기
- 나의 흥미, 적성과 연관이 있는 메타버스 관련 직업이 무엇인지 찾아 발표하기

활동 예시

강림도령 이야기 독서

구글 카드보드 조립

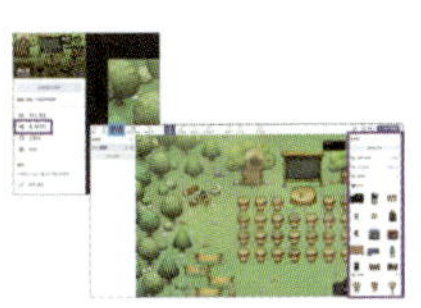
메타버스 공간 구축

이야기와 기술 매칭

나의 미래와 연결

01 강림도령 이야기 속 메타버스 기술

강림도령 이야기 파헤치기

김치원님은 강림에게 저승 이야기가 궁금하여 물었다. "그래, 저승은 어떻더냐? 이승에 사는 사람이 어떻게 그곳에 갈 수 있었던 것이냐?"

김치원님이 물어도 강림이 대답하지 않자 작대기를 들고 강림이를 툭 건드리니 강림은 그 자리에 쓰러져서 죽고 말았다. 이렇게 강림은 저승에 가서 염라대왕의 사자로 일을 하게 되었다. 강림은 어느 날 염라대왕이 삼천 년 동안이나 잡지 못한 동방삭을 잡아 왔다. 이를 본 염라대왕은 강림을 크게 칭찬하며 이승과 저승을 오가며 사람을 데려오는 인간 차사가 되라 명하였다.

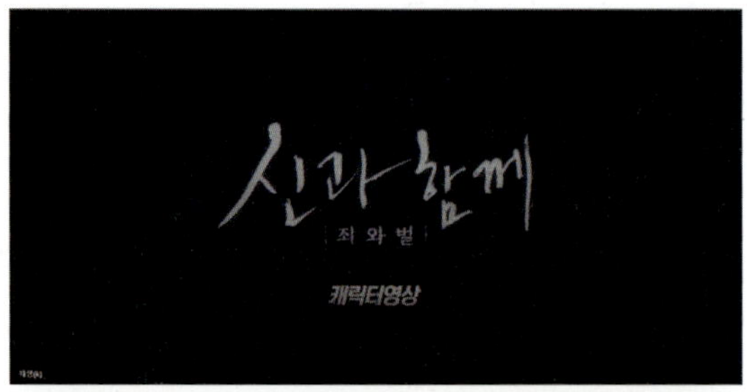

강림도령 이야기와 영화 속 강림도령 탐구 (출처: 제주 이야기로 만나는 정보보안 인문학, 롯데엔터테인먼트, 차이나는클라스

강림도령 스토리텔링 (출처: 허그맘)

1 강림도령 이야기와 영화 속 강림도령 탐구

- 강림도령 이야기를 통해 강림도령이 저승사자가 된 재미있는 이야기를 읽으면서 문해력을 키울 수 있는 활동이다.
- 강림도령 이야기를 모티프로 하여 만들어진 영화 〈신과 함께〉를 살펴보며 강림도령 이야기가 영화에서 어떻게 각색되어 나타나는지를 확인한다. 시간 관계 및 여건상 영화 전편을 보기 어렵기 때문에 캐릭터 영상을 활용하며, 이 이야기를 설명하는 영상도 함께 관람하여 이해도를 높일 수 있다.

저승길로 떠났다. 가던 길에 부인이 준 떡을 나눠 먹으며 여러 사람의 도움으로 염라대왕을 만나 붙잡을 수 있었다. 염라대왕은 모레 꼭 관가에 가겠다며 강림의 저고리에 약속의 글을 써주고는 강림을 이승으로 돌려보냈다.

그러자 삼 형제는 과양생이를 보자마자 과양생이와 부인에게 달려들었다. "우리가 왜 당신들의 아들들이오! 당신들은 우리를 죽인 사람들이잖소! 모두 들어주세요! 과양생이와 저 부인이 우리를 죽여서 주천강 연못에 던졌습니다!"

강림도령 이야기 읽기 (출처: 제주 이야기로 만나는 정보보안 인문학)

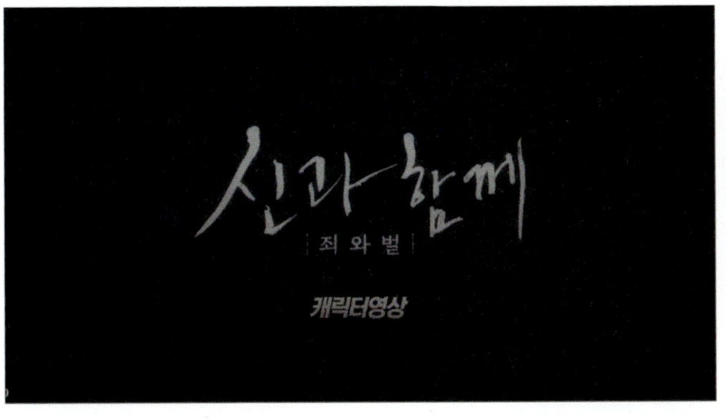

[신과함께-죄와 벌] 캐릭터 영상
(출처: 롯데엔터 테인먼트)

[스페셜] #신과함께 강림도령 신화 속 진짜 이야기는? (출처: 차이나는 클라스)

영화 속 강림도령 이야기 탐구하기

2 강림도령 스토리텔링

- 강림도령 이야기를 읽어보고 영상을 통해 줄거리를 이해한 후 이야기의 줄거리를 요약해보는 과정이다.
- 친구에게 이야기의 등장인물과 사건, 지식, 정보를 요약해서 설명하는 과정을 통해 학생들은 상대방과 교감하고 상호작용하는 방법을 익힐 수 있다.

강림도령 이야기를 요약해보고 느낀 점을 적어봅시다.

줄거리	
느낀 점	

챗 GPT와 함께 메타버스 속 정보보안 기술 만나기

안녕, 나는 대한민국 초등학생이야. 나에게 메타버스 기술 속 정보보안 기술을 쉽게 설명해줘.

챗GPT

안녕하세요! 메타버스와 정보보안에 대해 이야기해볼게요. 메타버스는 가상현실과 현실이 합쳐진 디지털 공간인데, 여기서 안전하게 활동하려면 정보보안이 중요해요. 한 가지 정보 보안 기술을 쉽게 설명해줄게요.

데이터 암호화

1. 데이터 암호화란?
데이터 암호화는 정보를 비밀번호처럼 '암호'로 바꾸는 거예요. 평범한 글자나 숫자를 복잡한 코드로 변환해서, 누군가 훔쳐보려고 해도 이해할 수 없게 만드는 거죠.

2. 왜 필요할까요?
메타버스에서는 여러분이 보내는 메시지, 게임에서 얻은 아이템 등 중요한 정보들이 많이 있어요. 이 정보들이 안전하게 보호되지 않으면 해커들이 쉽게 훔쳐갈 수 있어요.

3. 어떻게 작동하나요?
예를 들어, '안녕'이라는 단어를 'z@X7!' 같은 복잡한 코드로 바꾼다고 생각해보세요. 데이터를 보내는 사람과 받는 사람만 그 코드를 풀 수 있는 '열쇠'를 가지고 있어요.

4. 실생활 예시
여러분이 친구에게 비밀 메시지를 보낼 때, 메시지를 평소와 다르게 복잡한 글자로 바꿔서 보내는 것과 같아요. 친구는 그 메시지를 받을 때 '열쇠'를 사용해서 다시 원래의 메시지로 바꾸는 거예요. 이렇게 데이터 암호화 기술을 사용하면 메타버스에서 여러분의 정보가 안전하게 보호될 수 있어요! 더 궁금한 게 있으면 언제든지 물어봐 주세요.

아, 그렇구나! 하나만 더 설명해줄래?

챗GPT

물론이죠! 이번에는 다른 정보보안 기술 하나를 더 설명해줄게요.

이중 인증

1. 이중 인증이란?

이중 인증은 로그인할 때 두 가지 방법으로 신원을 확인하는 거예요. 첫 번째는 보통 사용하는 비밀번호고, 두 번째는 추가적인 확인 방법이에요.

2. 왜 필요할까요?

비밀번호가 유출되거나 해킹당했을 때, 추가적인 인증 방법이 있으면 해커가 쉽게 로그인할 수 없어요. 메타버스에서 중요한 정보를 보호하기 위해 매우 유용해요.

3. 어떻게 작동하나요?

1단계: 사용자가 평소처럼 아이디와 비밀번호를 입력해요.
2단계: 추가적인 확인 방법을 사용해요. 예를 들면, 휴대폰으로 보내진 인증 코드를 입력하거나, 특정 앱에서 확인 버튼을 누르는 방법이에요.

4. 실생활 예시

여러분이 집에 들어갈 때, 현관문을 열기 위해 열쇠를 사용한다고 생각해보세요. 그 다음에 집 안으로 들어가기 위해 지문 인식 장치를 사용하는 것과 같아요. 열쇠와 지문 인식을 모두 통과해야 집에 들어갈 수 있는 거죠.

5. 메타버스에서의 활용

여러분이 메타버스 계정에 로그인할 때, 비밀번호를 입력한 후 휴대폰으로 보내진 인증 코드를 입력해요. 이 방법을 통해 계정이 더욱 안전하게 보호될 수 있어요. 이중 인증 기술을 사용하면 메타버스에서 여러분의 계정을 더욱 안전하게 지킬 수 있답니다.

메타버스 공간에서도 예절이 필요하다고 들었어! 메타버스 안에서 정보를 지킬 수 있는 예절은 무엇이 있니?

챗GPT

메타버스에서도 안전하고 즐겁게 활동하려면 몇 가지 예절을 지키는 것이 중요해요. 특히, 정보를 보호하기 위한 예절을 잘 지켜야 해요. 몇 가지 중요한 예절을 소개할게요.

1. 개인정보 공유하지 않기

메타버스에서 친구들과 이야기할 때, 개인적인 정보를 공유하지 않도록 해요. 이름, 주소, 전화번호, 학교 이름 같은 개인정보는 절대 공유하면 안 돼요. 이런 정보가 유출되면 나쁜 사람들이 악용할 수 있어요.

2. 강력한 비밀번호 사용하기

항상 강력한 비밀번호를 사용하고, 자주 변경해요. 설명: 쉽게 추측할 수 없는 비밀번호를 만들어야 해요. 예를 들어, 'password123' 대신 'P@ssw0rd!678' 같은 복잡한 비밀번호를 사용해요. 비밀번호는 타인과 절대 공유하지 않도록 해요.

3. 의심스러운 링크 클릭하지 않기

메타버스에서 누군가가 보낸 링크를 무조건 클릭하지 않아요. 해킹이나 악성 소프트웨어가 포함된 링크일 수 있어요. 꼭 믿을 수 있는 사람이나 공식적인 곳에서 보내온 링크만 클릭하도록 해요.

4. 친구 요청 조심하기

모르는 사람의 친구 요청을 함부로 수락하지 않아요. 모르는 사람과 친구가 되면 개인정보가 노출될 수 있어요. 친구 요청을 받을 때는 그 사람이 누구인지 꼭 확인하고, 잘 모르는 사람의 요청은 거절해요.

5. 공공장소에서 로그인 정보 입력하지 않기

공공장소나 친구 집에서는 로그인 정보를 입력하지 않아요. 다른 사람이 쉽게 볼 수 있는 곳에서 로그인 정보를 입력하면, 그 정보가 유출될 수 있어요. 집에서 안전한 환경에서 로그인하는 것이 좋아요.

6. 로그아웃 잊지 않기

사용이 끝나면 꼭 로그아웃해요. 공용 컴퓨터나 친구의 기기에서 메타버스를 사용한 후에는 로그아웃을 꼭 해야 해요. 로그아웃을 하지 않으면 다른 사람이 여러분의 계정을 사용할 수 있어요.

7. 불쾌한 상황 보고하기

메타버스에서 누군가가 괴롭히거나 이상한 행동을 하면 관리자에게 보고해요. 누군가 나쁜 말을 하거나 이상한 행동을 하면 혼자 해결하려 하지 말고, 바로 신고하거나 부모님께 알려요. 관리자는 문제를 해결할 수 있는 사람들입니다.

이러한 예절을 잘 지키면 메타버스에서 안전하고 즐겁게 활동할 수 있을 거예요!

설명 고마워! 네 덕분에 메타버스를 안전하게 사용할 수 있겠어!

메타버스 기술과 메타버스 윤리원칙 알아보기

<메타버스의 4가지 유형>

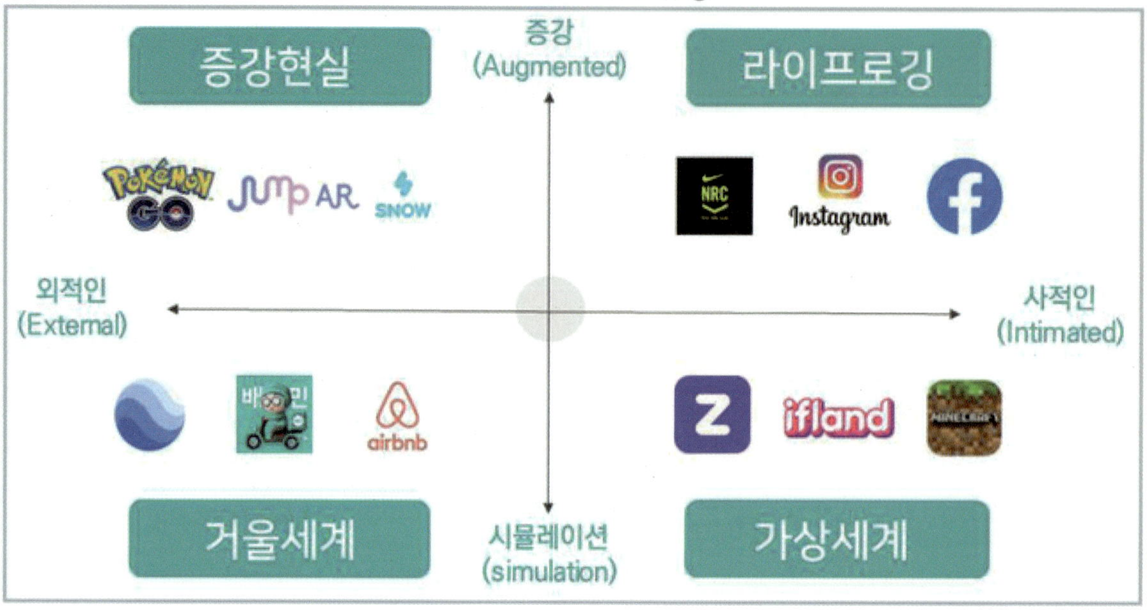

메타버스 기술 이해(출처: 경기연구원)

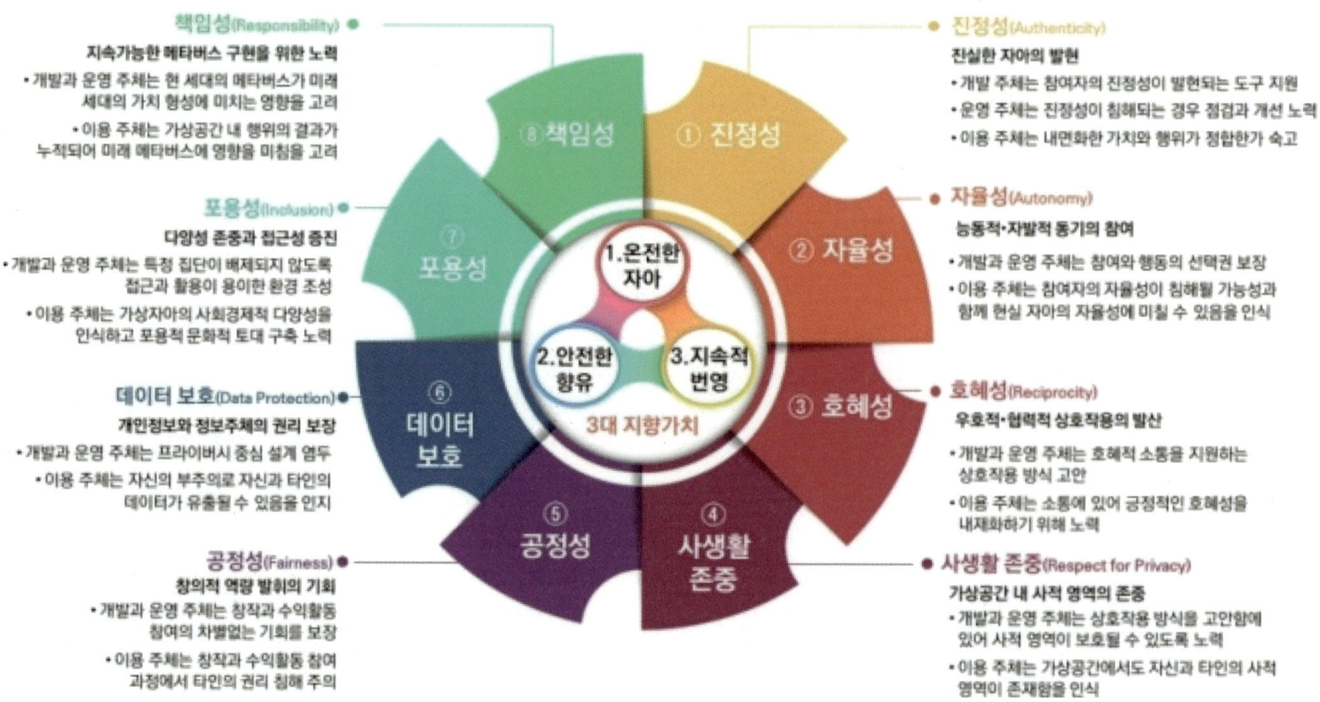

메타버스 윤리원칙 탐구 (출처: 과학기술정보통신부)

1 메타버스 기술 이해

- 메타버스(Metaverse)란 '가상', '초월'을 뜻하는 메타(Meta)와 '우주'를 의미하는 유니버스(Universe)의 합성어이다. 메타버스는 현실 세계처럼 사회, 경제, 문화 활동이 이루어지는 가상 세계를 말한다.
- 메타버스라는 말은 1992년 닐 스티븐슨(Neal Stephenson)의 소설 스노우 크래시(Snow Crash)에서 처음 등장했다. 이 소설에서 메타버스는 사람들이 고글이나 이어폰을 이용해 아바타라는 가상의 몸을 빌려 활동하는 다른 차원의 공간을 의미한다.
- 메타버스에는 네 가지의 유형이 있다.

증강현실	증강현실은 실제 세계에 가상의 물체를 추가하는 것을 말한다. 예를 들어, 스마트폰 카메라로 방을 비추어 볼 때 방에 실제로 존재하지 않는 동물, 물건, 캐릭터 같은 것들이 보이는 것이다.
라이프로깅	라이프로깅은 우리가 일상생활에서 경험한 것들이나 정보들을 기록해서 공유하는 방식을 의미한다. 예를 들어, 인스타그램이나 유튜브에 자신의 일상을 친구들이나 모르는 사람들에게 공유하는 일을 말한다.
거울 세계	거울 세계는 말 그대로 현실 세계의 모습을 디지털 기술을 통해 복제해낸 것을 말한다. 실제 세계에 있는 건물, 장소, 물체를 디지털 형태로 만들어서 재현한 것이다. 스마트폰에 있는 지도 앱을 그 예로 들 수 있다.
가상 세계	가상 세계는 현실과 비슷할 수도 있지만 완전히 다를 수도 있다. 게임 속의 세상을 생각해 보면 현실과 닮은 게임도 있지만, 캐릭터들이 등장하는 완전 다른 세상의 게임도 있다. 모여봐요 동물의 숲 같은 게임에서 캐릭터들이 살아가는 방식을 말한다.

증강현실 (출처: 닌텐도)

라이프로깅 (출처: AI넷)

거울 세계 (출처: 구글 어스)

가상 세계 (출처: ZEP)

2 메타버스 윤리원칙 탐구

- 메타버스에서는 현실세계에서 일어날 수 있는 문제와 인터넷에서 일어날 수 있는 문제가 모두 발생할 수 있어 메타버스를 올바르게 사용하는 방법을 이해해야 한다.
- 이 활동은 정부에서 발표한 메타버스 세상에서 지켜야 할 8대 윤리원칙을 학습하는 활동이다.
- 과학기술정보통신부에서는 메타버스 생태계 혁신과 자율규제 문화 조성을 위해 메타버스 윤리원칙의 8대 실천원칙(진정성, 자율성, 호혜성, 사생활 존중, 공정성, 개인정보 보호, 포용성, 책임성)별로 메타버스 생태계 구성원이 현장에서 적용하고 추구해야 할 구체적인 행동양식을 조항 형태로 마련해 제시했다.
- 메타버스 윤리원칙의 8대 실천원칙은 다음과 같다.

진정성	가상에 있는 아바타나 캐릭터가 현실에 있는 사람에게 영향을 미칠 수 있다는 것을 알고 메타버스 공간 안에서도 진실한 모습으로 행동해야 한다.
자율성	메타버스를 사용하는 사람은 누군가가 강제로 메타버스 공간 안에 있게 하거나 어떤 행동을 하도록 조종받는 것이 아니라 자유롭게 참여하고 행동할 수 있어야 한다.
호혜성	메타버스 사용자는 사용자 간에 정보나 가상화폐를 주고받는 과정에서 서로 존중하고 예의를 갖춰서 행동해야 한다.
사생활 존중	현실과 비슷한 가상 세계에서 다른 사람에게 불쾌감을 가지도록 하거나 개인적인 정보를 침범하지 않도록 조심해야 한다.
공정성	창의적으로 무언가를 만들고 이것을 사고 팔 수 있는 기회에 모든 메타버스 사용자가 평등하게 접근할 수 있어야 한다.
개인정보 보호	메타버스 공간 안에 있는 개인을 식별할 수 있는 정보(주민등록번호, 이름, 이메일 주소 등), 생체정보(지문, 얼굴, 홍채, 음성 등) 등을 최대한 보호해야 한다.
포용성	인종, 성별, 국적, 경제 수준, 정치 · 종교적 신념이나 신체적인 특징의 차이를 보고 메타버스 사용자를 차별하지 않도록 주의해야 한다.
책임성	인류의 기본 가치인 문화나 규범 등이 보존되고 혁신과 번영이 미래 세대까지 이어지도록 노력해야 한다.

메타버스 윤리원칙이 필요한 이유와 나의 다짐을 적어봅시다.

메타버스 윤리원칙이 필요한 이유	
앞으로 나의 다짐	

VR 안경으로 미래 메타버스 공간 체험하기

구글 카드보드 조립, 스마트폰 연동 (출처: 구글)

실감형 콘텐츠 앱 체험 (출처: KERIS)

① 구글 카드보드 조립, 스마트폰 연동

- 구글 카드보드가 있으면 전용 가상현실(VR) 헤드셋이 없어도 VR을 체험할 수 있다.
- 구글 카드보드 조립 방법은 다음과 같다.

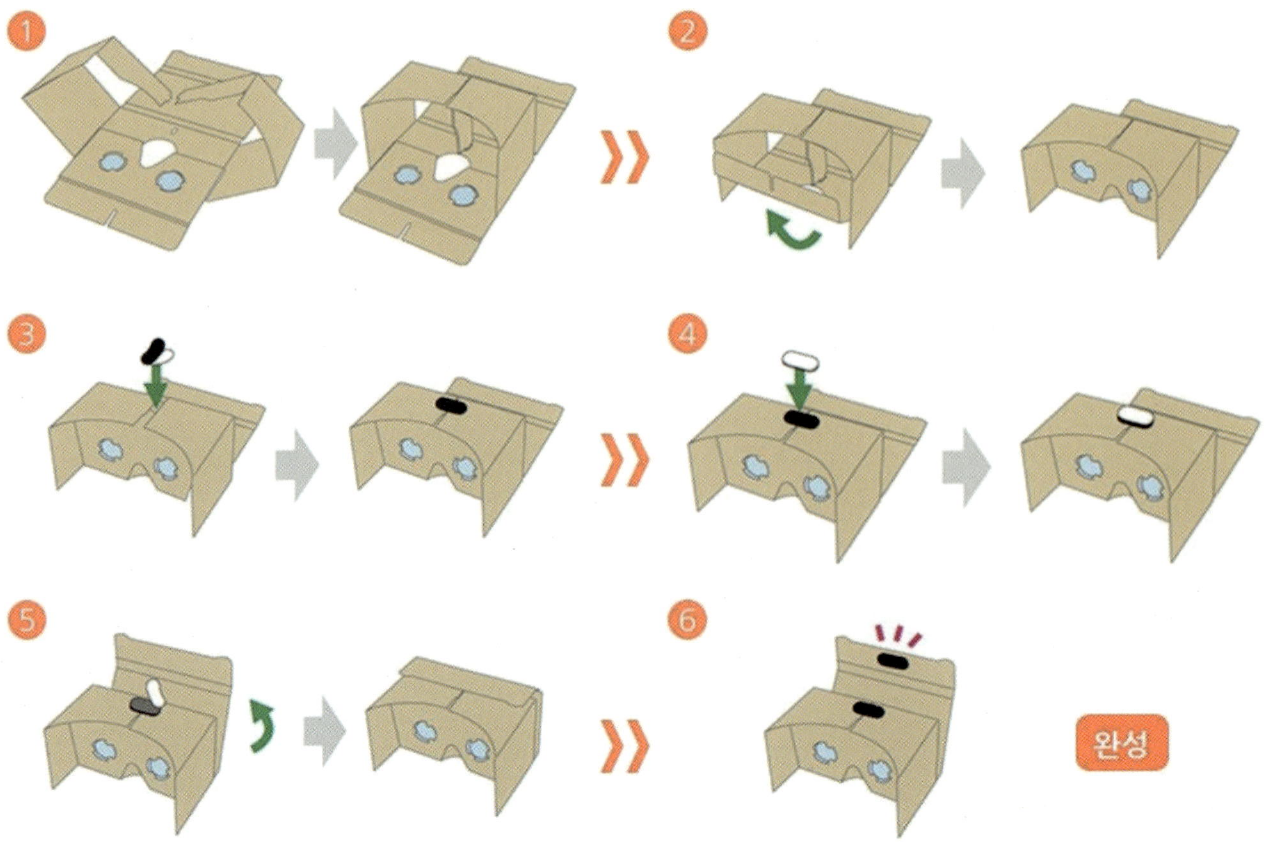

출처: 서울 스마트관광 VR

• 그림 설명서가 어려우면 조립 설명 동영상을 참고해도 된다.

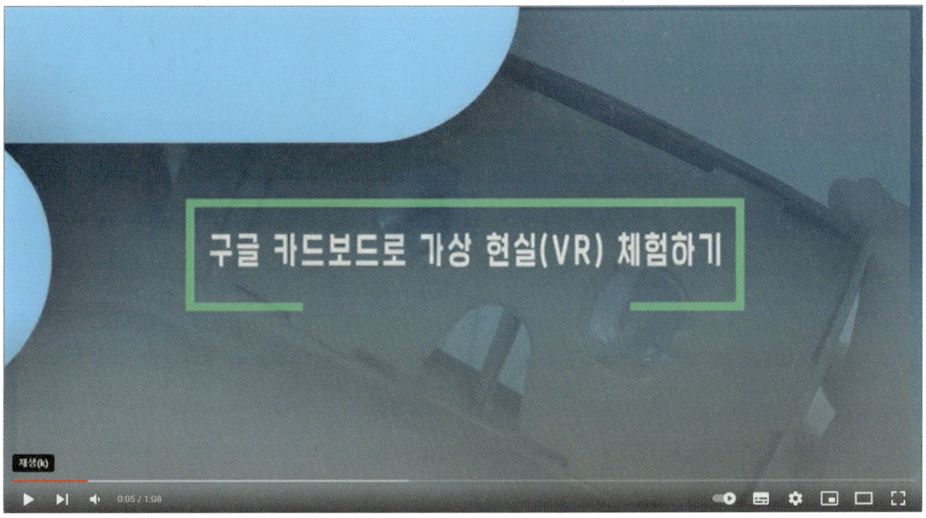

구글 카드보드로 가상현실 (VR) 체험하기 (출처: 창비교육)

• 스마트폰을 카드보드에 장착하기 전, 구글 플레이스토어 혹은 앱스토어에서 Cardboard 앱을 다운로드하고 설치한다.

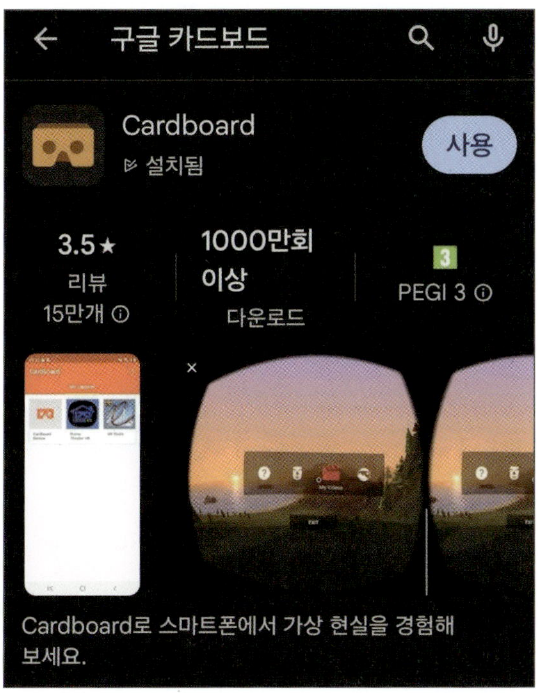

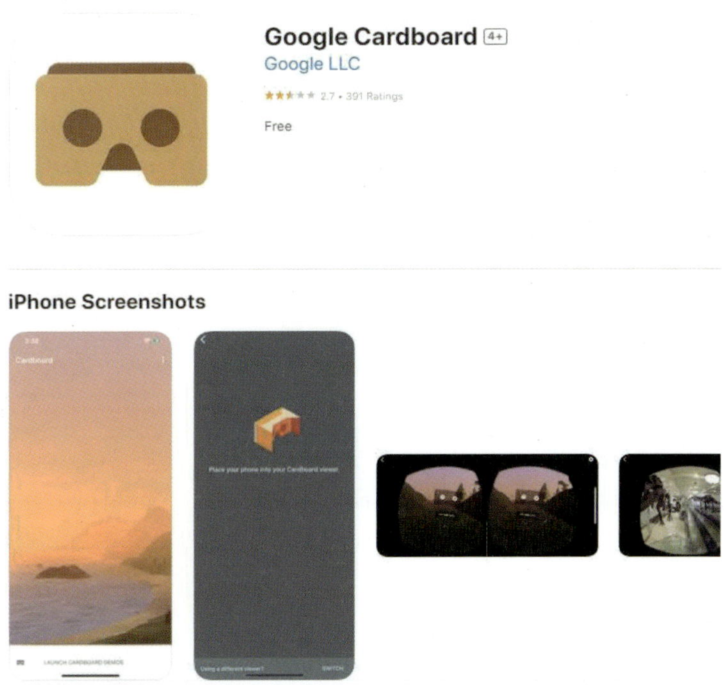

출처: 구글

- Cardboard 앱 실행 후 조립한 카드보드에 있는 QR코드를 스캔하면 나의 스마트폰과 연동 완료!

출처: 구글

2 실감형 콘텐츠 앱 체험

- 구글 플레이스토어 혹은 앱스토어에서 실감형콘텐츠 앱을 다운로드하고 설치한다.

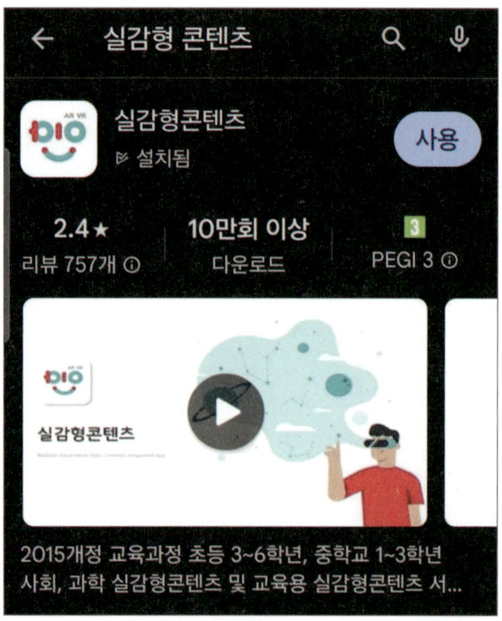

출처: KERIS

- 주의사항을 확인한 후 활동을 시작한다.

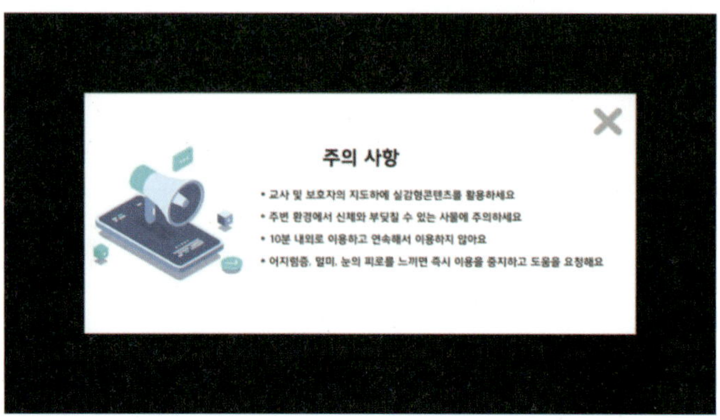

출처: KERIS

• 자신의 학년과 학기를 선택하고 원하는 과목을 선택한 다음, 유형에서 VR을 선택한다.

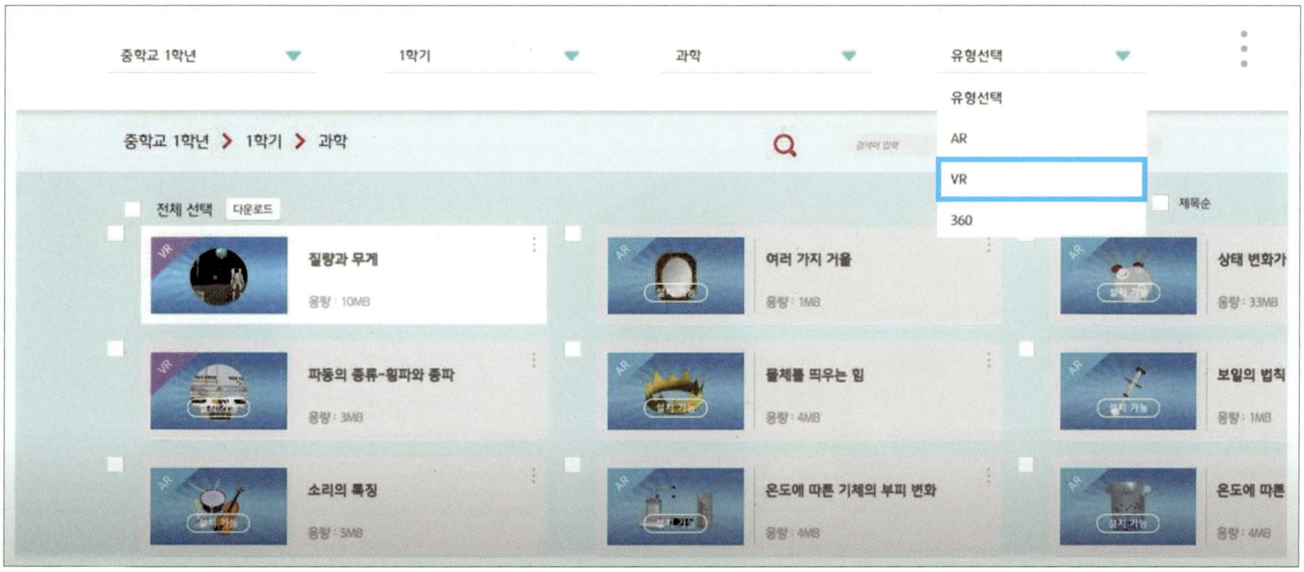

출처: KERIS

• 체험하고 싶은 콘텐츠를 다운로드한다.

• VR HMD 모드를 선택한다.

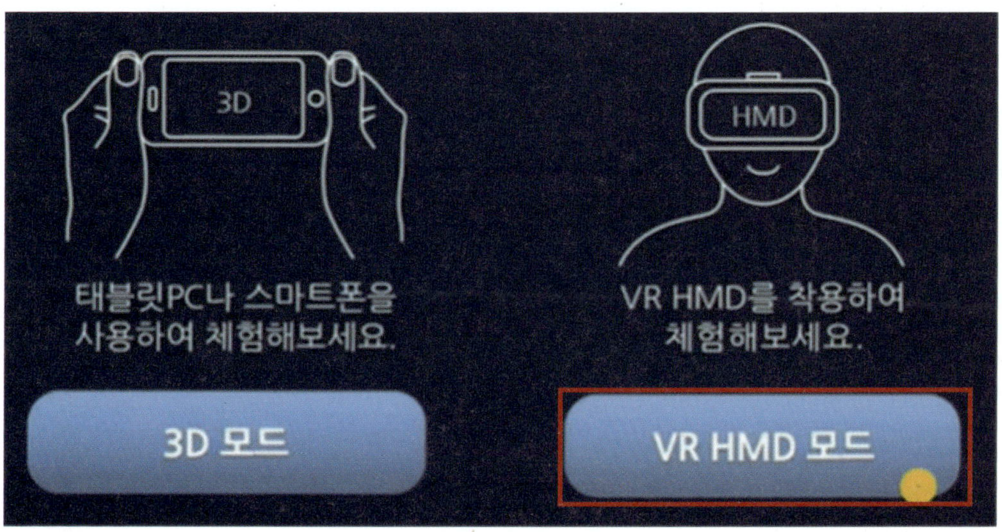

• 카드보드에 스마트폰을 끼우고 시선 포인트를 조작하여 콘텐츠를 체험한다.

출처: 구글

출처: KERIS

컴퓨터로 메타버스 공간 체험하기

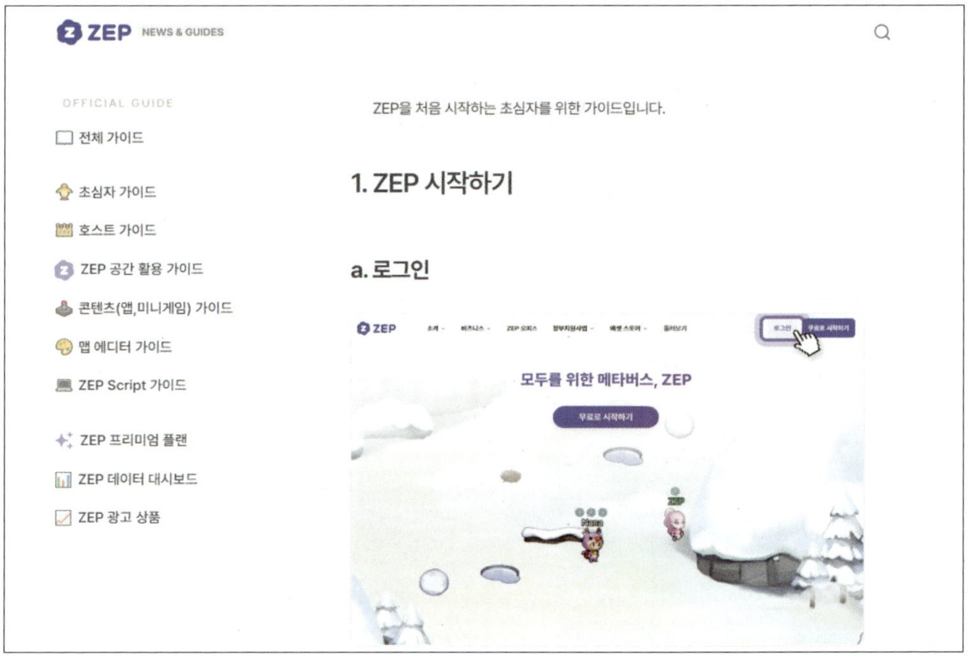

ZEP 기본 사용 방법 이해 (출처: ZEP)

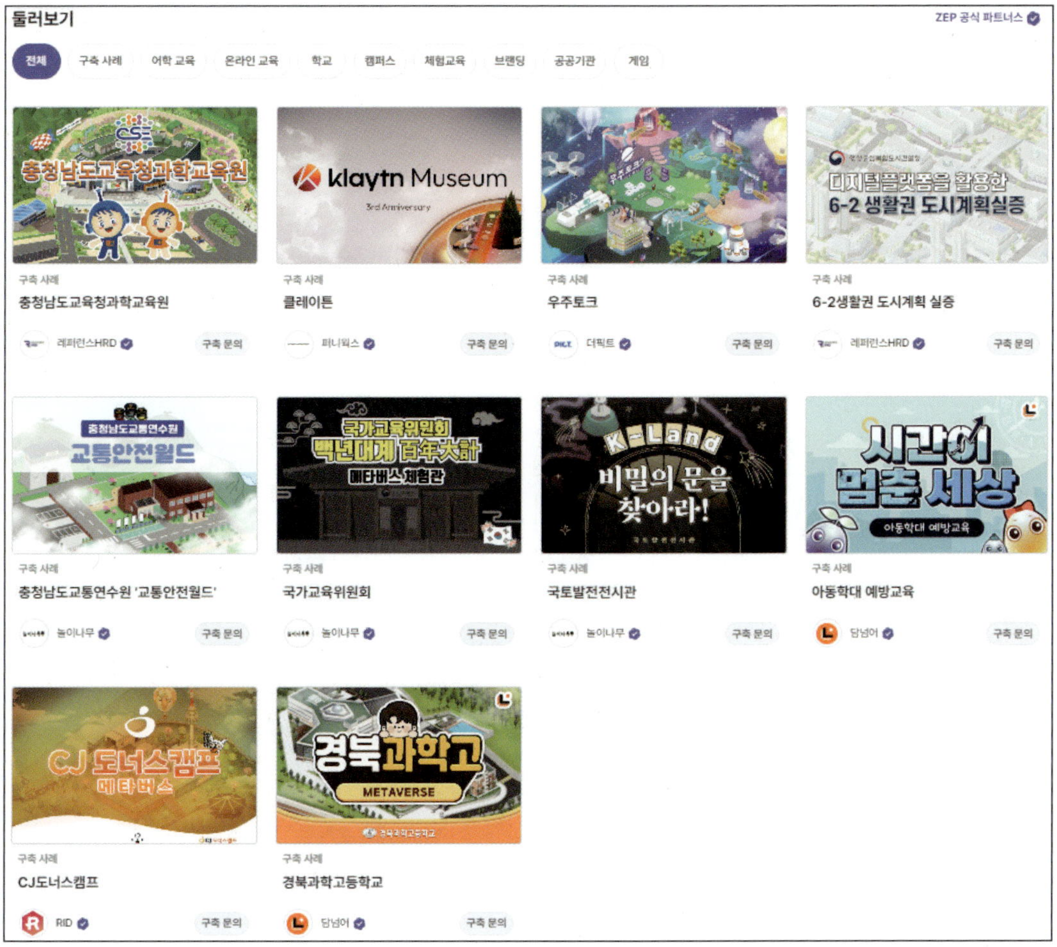

ZEP의 가상공간 체험 (출처: ZEP)

❶ ZEP 기본 사용 방법 이해

• 구글, 웨일스페이스 혹은 이메일 주소로 로그인한다.

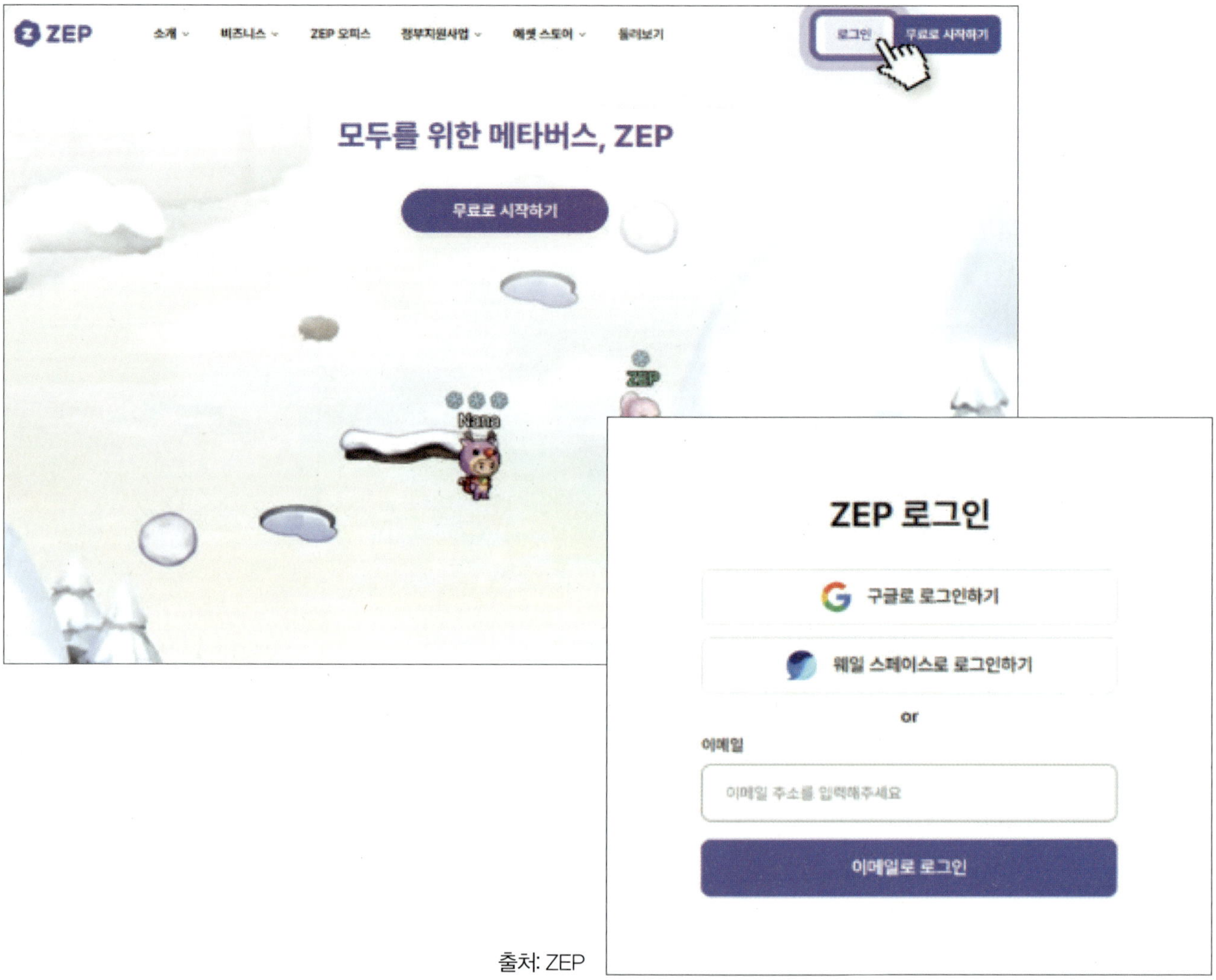

출처: ZEP

• 이메일 주소로 로그인하면 인증 코드가 메일로 발송된다. 6자리 인증 코드를 입력하여 로그인한다.

출처: ZEP

• 아바타 아이콘을 클릭하여 닉네임을 설정하고 아바타를 꾸민다.

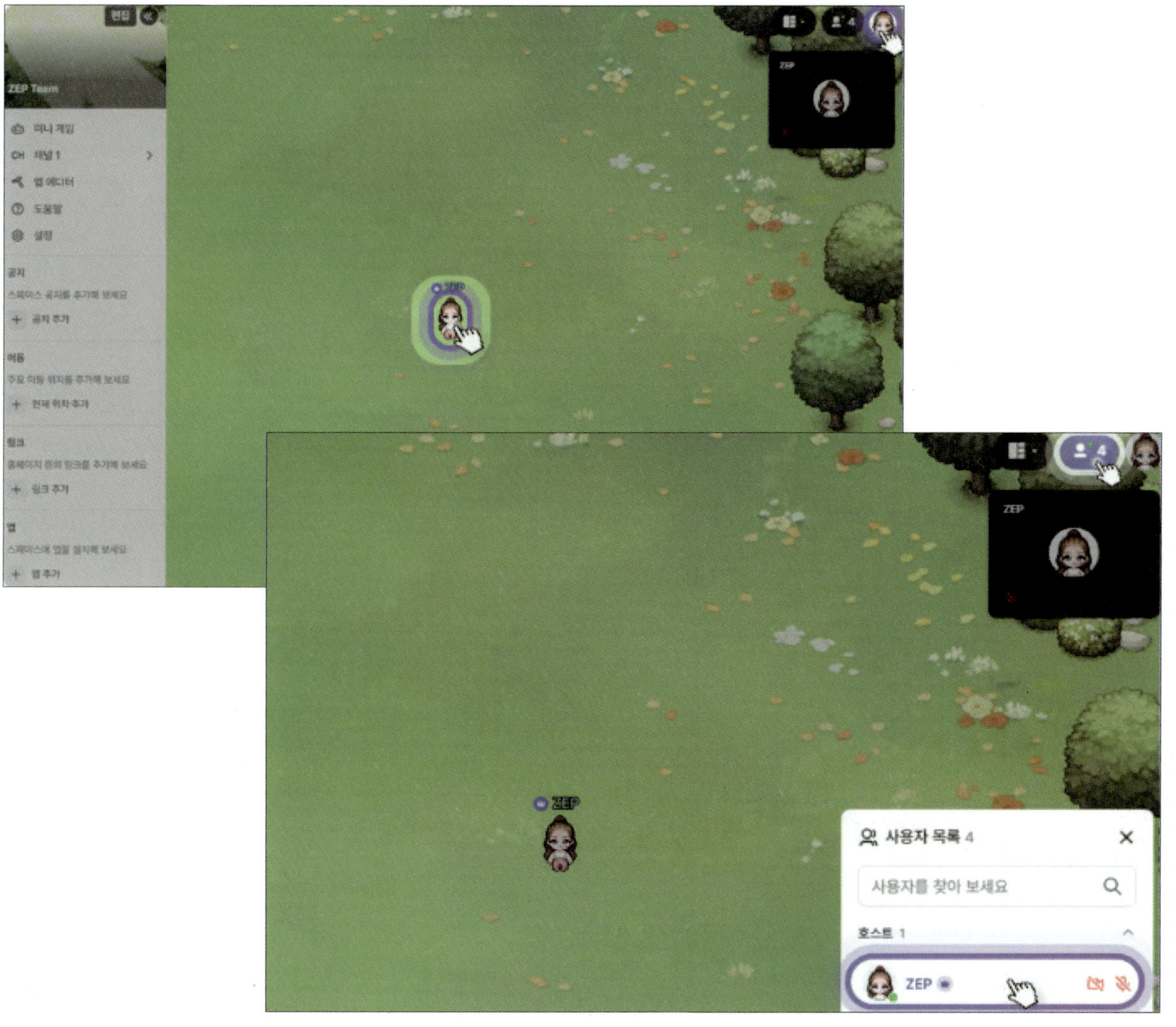

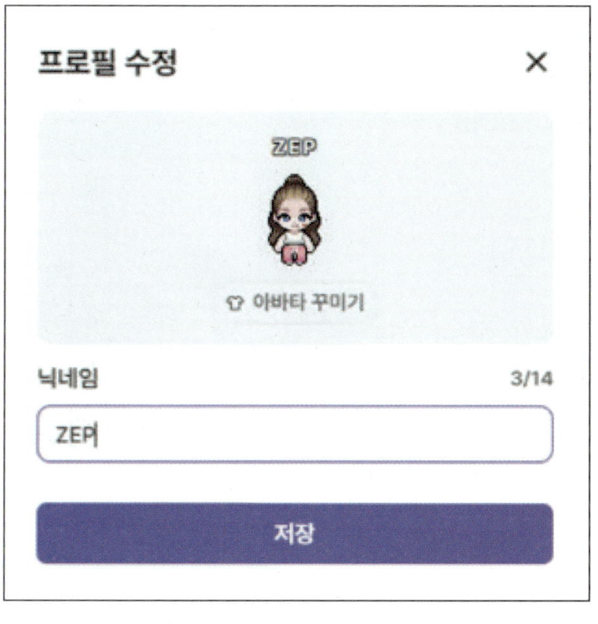

출처: ZEP

• 키보드를 눌러 아바타를 움직인다.

출처: ZEP 블로그

❷ ZEP의 가상공간 체험

• ZEP 메인 페이지에서 위쪽의 둘러보기를 클릭하면 다양한 ZEP 가상공간들을 볼 수 있다.

출처: ZEP

• 구축 사례, 어학 교육, 온라인 교육, 학교, 캠퍼스, 체험교육, 브랜딩, 공공기관, 게임 카테고리에서 원하는 가상공간들을 자유롭게 체험한다.

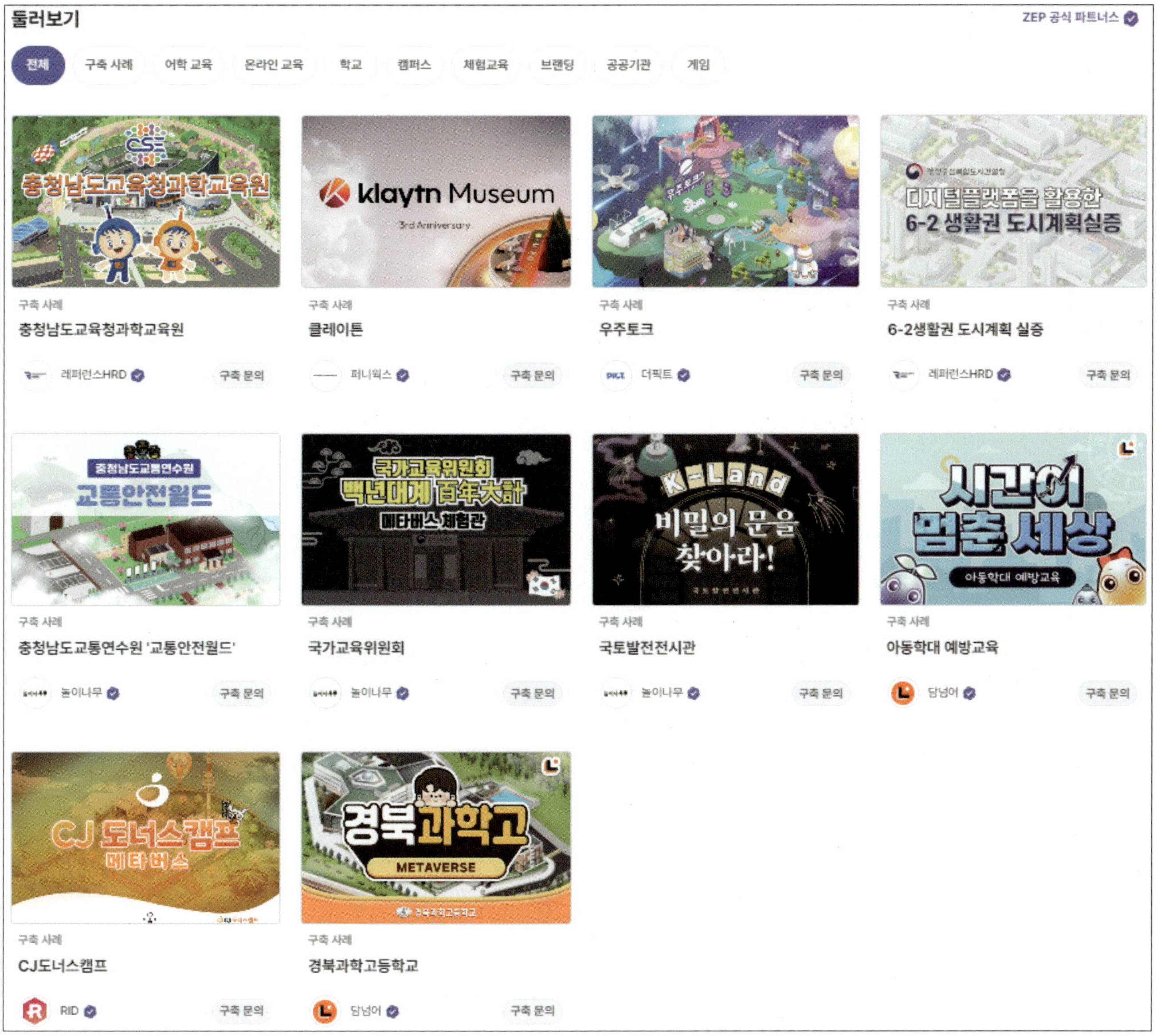

출처: ZEP

현실의 문제를 해결할 수 있는 메타버스 공간 만들기

메타버스 가상공간 만드는 법 이해 (출처: ZEP)

문제해결 메타버스 공간 구축 (출처: 연합뉴스)

① 메타버스 가상공간 만드는 법 이해

• ZEP에 로그인 후 스페이스 만들기를 클릭한다.

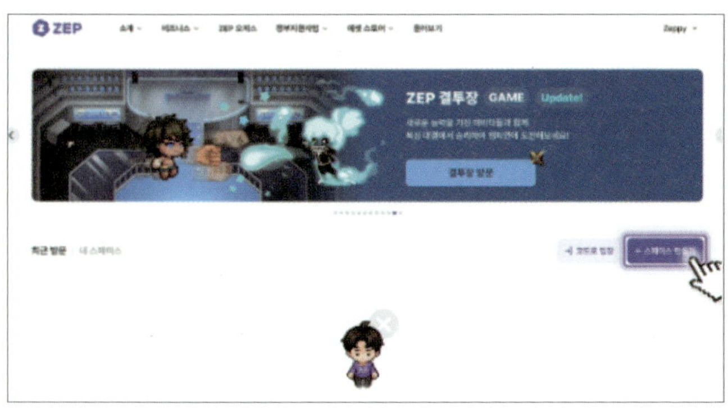

출처: ZEP

• 내가 생각한 공간에 사용할 템플릿을 골라 사용한다.

출처: ZEP

• 특정한 오브젝트를 배치하려면 왼쪽 사이드바에서 맵 에디터를 클릭하고 위쪽의 오브젝트를 클릭하면 우측에 여러 가지 오브젝트가 나온다.

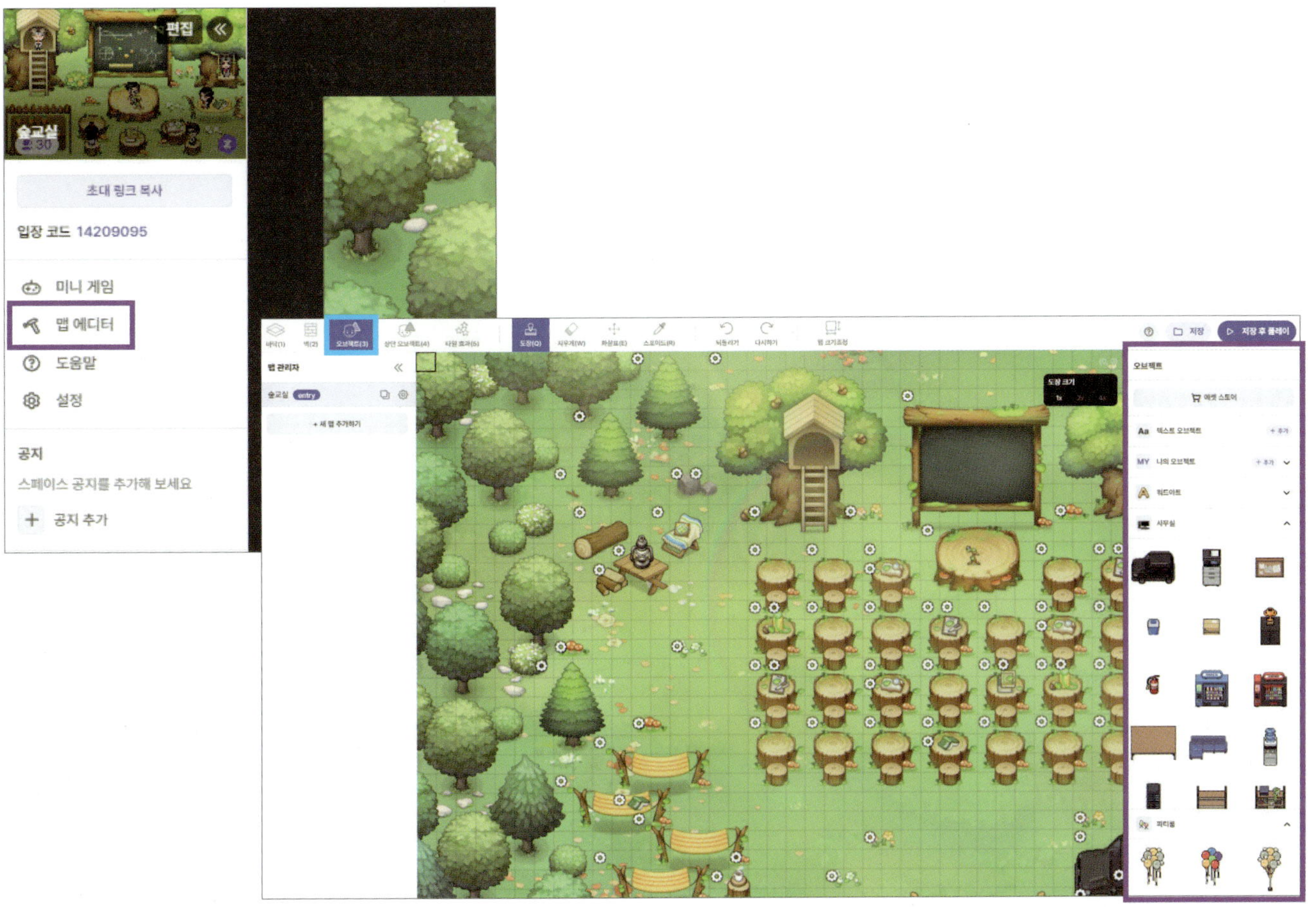

출처: ZEP

• 원하는 오브젝트를 클릭하고 맵에 갖다 대면 흐릿하게 보인다. 원하는 자리를 클릭하면 오브젝트가 생긴다. 오브젝트의 크기는 우측 아래쪽 사이즈의 숫자를 조절하면 된다. W는 너비, H는 높이이다.

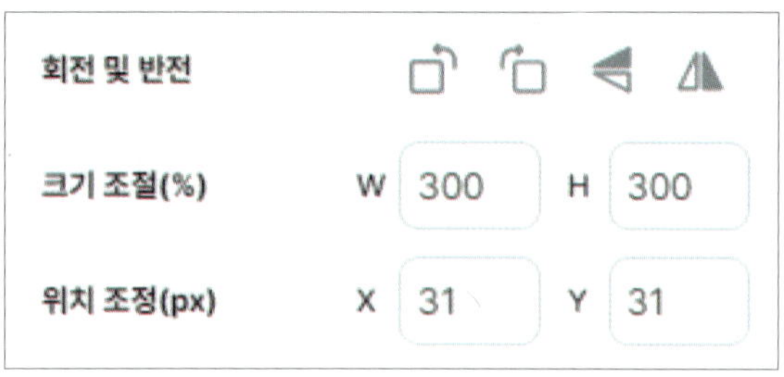

• 자세한 ZEP 스페이스 구축 방법은 아래 QR코드를 참고하면 된다.

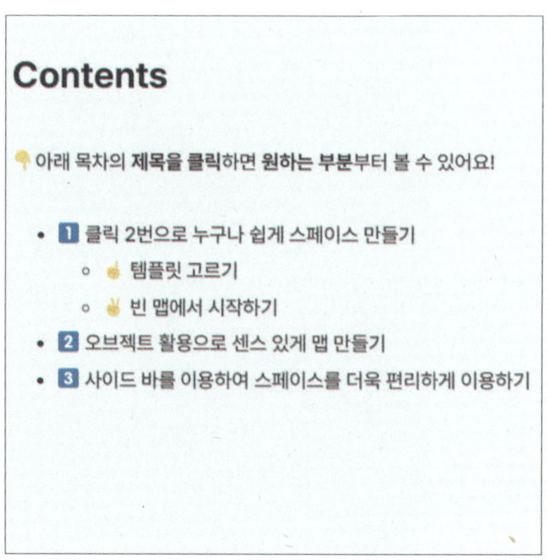

나도 이제 ZEP 마스터 뉴비들을 위한 스페이스 활용 완벽 가이드 (출처: ZEP 블로그)

2 문제해결 메타버스 공간 구축

- 먼저 모둠별로 지역의 문제를 찾고, 다양한 문제 중 메타버스 공간 안에서 해결하고 싶은 문제를 선정하는 과정을 거친다.
- ZEP에서 제공하는 가상공간 중 문제해결에 가장 적절한 맵을 고른다.
- 이 공간 안에서 어떻게 하면 문제를 해결할 수 있을지 고민한다. (체험교육의 다양한 공간들을 살펴보면 아이디어를 얻기 쉽다.)
- 공간과 목적에 맞는 오브젝트를 배치하고 공간을 꾸민다.
- 공간이 완성되면 다른 모둠의 공간에도 놀러 가보고 우리 공간에 놀러 온 친구들과 지역의 문제를 해결해본다.

✔ 모둠별로 우리 지역에서 해결해야 할 문제들을 인터넷 검색을 통해 찾아보고 우리 모둠에서 메타버스 공간을 통해 해결하고 싶은 문제를 선택해봅시다.

우리 지역의 문제들	
우리 모둠에서 해결할 문제	

✔ 우리 모둠에서 선택한 맵은 무엇인지 적어봅시다.

메타버스 공간 안에서 우리가 선택한 문제를 해결하는 방법을 적어봅시다.
(예) 분리수거 OX 퀴즈, 4 3 방탈출 게임 등)

다른 모둠의 메타버스 공간을 들르고 느낀 점을 적어봅시다.

강림도령 이야기 속 메타버스 기술 매칭하기

강림이 상상 속의 세계와 현실 세계를 오가는 것처럼 어쩌면 우리도 현실 세계와 메타버스 가상공간을 넘나드는 신비한 체험을 하고 있는 것은 아닐까?

강림도령 이야기와 메타버스 기술 매칭 (출처: 제주 이야기로 만나는 정보보안 인문학)

1 강림도령 이야기와 메타버스 기술 매칭

- 강림도령 이야기에서 메타버스 기술의 어떤 요소가 연관되는지 찾아보고 발표한다.

강림도령 이야기에서 메타버스 기술의 어떤 요소가 연관되나요? 연관되는 내용을 적어보고 발표해 봅시다.

메타버스 기술 및 윤리원칙과 관련된 진로 탐색하기

메타버스 기술 및 윤리원칙 관련 직업 탐색
(출처: 교육부, 시 · 도교육청, 국가평생교육진흥원)

나의 적성과 연관된 직업 탐색
(출처: 디지털그린 직업정보)

1 메타버스 기술 및 윤리원칙 관련 직업 탐색

• 인터넷 검색을 통해 메타버스 기술 및 윤리원칙과 관련된 직업을 찾아본다.

메타버스 기술 및 윤리원칙과 관련된 직업은 무엇이 있고 무슨 일을 하는지 적어봅시다.

직업 이름	하는 일

2 나의 적성과 연관된 직업 탐색

• 다양한 직업 중 나의 적성에 맞을 것 같은 메타버스 기술 및 윤리원칙 관련 직업을 찾아보고 그 이유를 생각해본다.

나의 적성에 잘 맞는 것 같은 메타버스 기술 및 윤리원칙 관련 직업은 무엇인지, 그 일은 무슨 일을 하는지 자세히 적어봅시다.

직업 이름	하는 일

나의 적성에 잘 맞는 것 같은 메타버스 기술 및 윤리원칙 관련 직업은 무엇인지, 그 일은 무슨 일을 하는지 자세히 적어봅시다.

이 직업을 선택한 이유	
이 직업을 하면서 내가 잘할 수 있는 일	

02

힘센 장사 막산이 이야기 속 양자 암호기술

수업 정보

이런 것들이 필요해요	스마트폰 / 태블릿 PC / 노트북			
학교 수업과는 이렇게 연결돼요	학년(군)	교과	성취기준	
	5–6학년	국어	[6국05-03]	비유적 표현의 특성과 효과를 살려 생각과 느낌을 다양하게 표현한다.
	5–6학년	도덕	[6도01-01]	감정과 욕구를 조절하지 못해 나타날 수 있는 결과를 도덕적으로 상상해보고, 올바르게 자신의 감정을 조절하고 표현할 수 있는 방법을 습관화한다.

활동 내용 미리보기

◆ 힘센 장사 막산이 설화 이야기 파헤치기
- 힘센 장사 막산이 설화 이야기를 읽고 내용 파악하기
- 힘센 장사 막산이 설화 이야기의 등장인물을 설명하고 줄거리 요약하기

◆ 메타버스 기술과 메타버스 윤리 원칙 알아보기
- 메타버스의 개념과 유형(AR, Life-logging, 거울세계, 가상세계) 이해하기
- 메타버스 세상에서 지켜야 할 8대 윤리 원칙 알아보기

◆ 양자 암호기술의 전망과 양자 암호통신 원리 알아보기
- 양자 암호기술의 개념과 앞으로의 전망 탐색하기
- 양자 암호통신의 양자키분배와 BB84 프로토콜의 통신 원리 이해하기

◆ 이진수와 큐비트를 통해 양자컴퓨터에 대해 알아보기
- 모양과 소리로 이진수를 표현하는 방식 이해하기
- 큐비트를 설명하는 영상을 보고 양자 컴퓨터의 핵심기술 파악하기

◆ 카드게임으로 큐비트 개념 체험하기
- 일반 컴퓨터의 비트 개념을 이해할 수 있도록 숫자 맞추기 카드게임하기
- 양자 컴퓨터의 큐비트 개념을 이해할 수 있도록 카드를 추가해 게임하기

◆ 슈뢰딩거의 고양이 사고실험과 이중슬릿 실험 학습하기
- 두 실험에 관해 이해하고 짝과 함께 서로 설명하기

◆ 놀이를 통해 양자키분배 개념 체험하기
- 비밀키, 기저, 광자를 공유하여 선별키로 양자암호 만들기

◆ 힘센 장사 막산이 이야기 속 양자 암호기술 매칭하기
- 힘센 장사 막산이 이야기와 양자 암호 기술이 어떤 연관이 있는지 찾아 발표하기

◆ 양자 암호기술 및 통신과 관련된 진로 탐색하기
- 학습한 기술을 되짚어보고 어떤 진로가 있는지 탐색하기
- 나의 흥미, 적성과 연관이 있는 양자 암호 관련 직업이 무엇인지 찾아 발표하기

활동 예시

막산이 이야기 독서

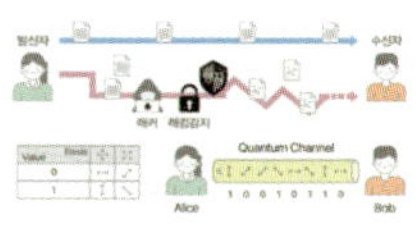
양자 암호통신 원리 이해

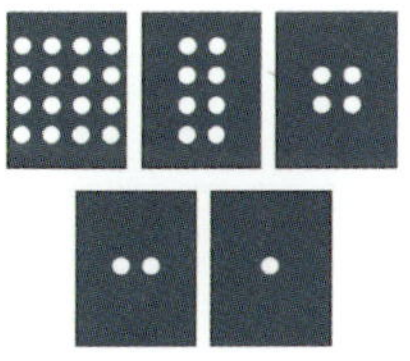
카드게임 진행

이야기와 기술 매칭

나의 미래와 연결

02 힘센 장사 막산이 이야기 속 양자 암호기술

힘센 장사 막산이 이야기 파헤치기

"막산아, 내 이번에 저 산을 파서 논으로 만들어보려고 하는데, 일꾼 쉰 명을 좀 모아오너라." 강부자는 막산이를 불러 말했다.

"예, 나으리. 그러면 쉰 명의 점심을 준비해주십시오."

막산이는 별일 아니라는 듯 믿음직스럽게 말했다.

몇 시간이 흘러 강부자는 여종들과 함께 준비한 음식을 들고 산으로 올라갔다.

그런데, 쉰 명의 일꾼은 온데간데 없고 막산이만 나무 그늘에서 자고 있는 것이 아닌가?

힘센 장사 막산이 이야기 독서 (출처: 제주 이야기로 만나는 정보보안 인문학)

힘센 장사 막산이 스토리텔링 (출처: 허그맘)

1 힘센 장사 막산이 이야기

- 힘센 장사 막산이를 통해 막산이의 미스테리한 죽음 이야기를 읽으면서 문해력을 키울 수 있는 활동이다.

Chapter

7

힘센 장사 막산이

막산이의 죽음: 양자 암호 기술

막산이의 억울한 죽음에서 드러나는 암호 해킹

도적 두목이 된 막산이는 부하들을 거느리고 제주와 대정 중간에 있는 으슥한 곳에 있는 큰 자연 동굴에 살면서 나라에서 기르는 소와 말을 잡아먹기도 하고 부잣집의 재물을 훔치면서 살게 되었다. 이 와중에도 막산이는 나름의 원칙을 정하고, 도적들을 다스렸다.

힘센 장사 막산이 이야기 읽기 (출처: 제주 이야기로 만나는 정보보안 인문학)

② 힘센 장사 막산이 스토리텔링

- 힘센 장사 막산이 이야기를 읽어보고 이야기의 줄거리를 요약해보는 과정이다.
- 친구에게 이야기의 등장인물과 사건, 지식, 정보를 요약해서 설명하는 과정을 통해 학생들은 상대방과 교감하고 상호작용하는 방법을 익힐 수 있다.

✔ 힘센 장사 막산이 이야기를 요약해보고 느낀 점을 적어봅시다.

줄거리	
느낀 점	

챗 GPT와 함께 양자 암호기술 만나기

안녕, 나 또 왔어! 이번에는 양자 암호기술이 무엇인지 설명해줄 수 있니?

챗GPT

안녕하세요! 양자 암호기술에 대해 설명해줄게요. 양자 암호기술은 양자 물리학의 원리를 이용해서 정보를 암호화하고 보호하는 기술이에요. 이 기술은 현재 사용되는 암호화 방법보다 훨씬 더 안전하다고 알려져 있답니다.

아하! 설명 고마워. 그러면 양자 암호기술은 어떤 장점이 있는지도 설명해줘.

챗GPT

물론이죠! 양자 암호기술에는 여러 가지 중요한 장점이 있어요. 저와 함께 하나씩 알아봐요.

양자 암호기술의 장점

1. 절대적인 보안성

양자 암호기술은 양자 물리학의 원리를 사용하기 때문에 현재의 기술로는 해독이 거의 불가능해요. 큐비트의 상태가 관측되면 즉시 변화하는 특성 덕분에, 누군가가 도청을 시도하면 바로 알 수 있어서 보안성이 뛰어나답니다.

2. 도청 방지

양자 키분배 기술을 사용하면, 두 사람이 암호 키를 안전하게 공유할 수 있어요. 누군가가 몰래 정보를 엿들으려는 시도가 있으면 큐비트의 상태가 변화하기 때문에 누군가가 두 사람 사이에 들어왔는지를 바로 알 수 있거든요. 이것이 현재의 암호기술과 크게 다른 점이에요.

3. 미래에도 안전

양자 컴퓨터가 발전하면서 현재의 암호화 기술은 해독될 가능성이 높아진답니다. 암호가 해독되면 더 이상 암호로 사용 가치가 없어지겠죠? 하지만 양자 암호기술은 이러한 양자 컴퓨터의 공격에도 안전할 것으로 예상되기 때문에, 미래에도 강력한 보안성을 유지할 수 있답니다.

이처럼 양자 암호기술은 우리의 정보를 매우 안전하게 지켜주기 때문에 믿을 수 있는 방법이랍니다!

양자 암호기술을 사용하면 허락 없이 우리 정보를 빼앗아 가는 사람들에게서 안전하게 정보를 지킬 수 있겠구나. 이렇게 보니 완벽한 기술 같은데 양자 암호기술의 단점도 있을까?

챗GPT

양자 암호기술은 매우 강력한 보안 기술이지만, 몇 가지 단점도 있습니다. 이해하기 쉽게 설명해드릴게요.

양자 암호기술의 단점

1. 높은 비용
양자 암호기술을 사용하려면 아주 특별한 장비와 시스템이 필요해요. 이 장비들은 매우 비싸서, 현재는 주로 정부나 큰 기업에서만 사용하고 있어요.

2. 복잡한 기술
양자 암호기술은 매우 복잡한 과학 원리를 이용해요. 이 기술을 구현하고 유지하는 데 많은 전문가와 연구가 필요합니다. 그래서 일반 사람들에게 쉽게 사용되기는 아직 어려워요.

3. 거리 제한
양자 암호기술은 정보를 안전하게 전송하기 위해 광섬유나 위성 같은 매체를 사용해요. 하지만 현재 기술로는 전송 거리에 제한이 있어요. 아주 먼 거리에 정보를 전송하는 데는 어려움이 있을 수 있어요.

4. 양자 중계기 필요
양자 암호를 장거리로 사용하기 위해서는 중간에 정보를 증폭하거나 재생하는 중계기가 필요해요. 이 중계기를 설치하고 운영하는 것도 매우 복잡하고 비용이 많이 들어요.

5. 기술 발전에 따른 변화
양자 암호기술도 계속 발전하고 있어요. 그래서 현재 사용되는 시스템이 미래에 더 발전된 시스템으로 대체될 수 있고, 그에 맞춰 기존 시스템을 업그레이드하거나 교체해야 할 수도 있어요.

양자 암호기술은 이런 단점에도 불구하고, 정보보안을 크게 향상시킬 수 있는 매우 유망한 기술이에요. 앞으로 기술이 더 발전하고 비용이 낮아지면, 더 많은 사람이 이 기술을 사용할 수 있게 될 것입니다.

고마워, 양자 암호기술이 다른 정보보안 기술과 다른 특별한 점을 알려주면 고맙겠어!

챗GPT

양자 암호기술의 특이한 점은 "양자 역학의 원리"를 이용한다는 것입니다. 이 원리는 전통적인 정보 이론과는 매우 다르며, 일반적인 컴퓨터 보안 기술에서는 사용되지 않는 원리예요.

그래? 양자 역학의 원리가 무엇이 있는지 간단하게 설명해줄 수 있어?

챗GPT

물론이죠! 양자 역학의 원리를 간단히 설명해드릴게요.

양자 역학은 아주 작은 입자인 양자들이 동작하는 법칙을 연구하는 물리학의 한 분야입니다. 이 원리는 몇 가지 이상한 규칙을 가지고 있는데요.

두 개 이상의 양자가 얽혀 있으면, 하나의 양자 상태가 다른 양자에게도 영향을 준답니다. 이는 멀리 떨어진 양자도 서로 연결되어 있을 수 있다는 의미예요.

그리고, 양자 역학에서는 어떤 입자의 위치나 상태를 정확하게 예측하는 것이 불가능해요. 측정할 때마다 결과가 확률적으로 결정되는데, 이를 이용해 암호화된 정보를 전송하고 해독해요.

또한, 양자 상태를 측정하면, 그 양자의 상태가 갑자기 결정돼요. 이 측정 결과는 확률에 따라 바뀌어요. 누군가가 양자 상태를 측정하면, 그 양자의 상태는 그 결과에 따라 결정되어요.

이렇게 양자 역학은 전통적인 물리학과는 다른 규칙을 가지고 있어요. 이런 원리들을 이용하여 정보를 보호하고 전송하는 것이 양자 암호기술의 핵심이 되는거죠!

와, 정말 재밌다! 네 설명을 들으니 양자 암호기술을 더 자세히 알고 싶어지는걸?

양자 암호기술의 전망과 양자 암호통신 원리 알아보기

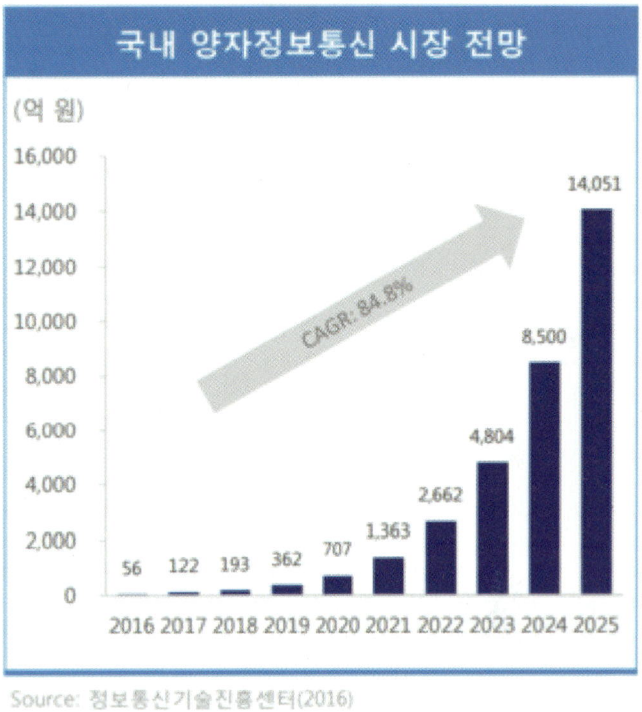

양자 암호기술의 개념 이해 및 전망 탐색 (출처: 삼정KPMG)

양자 암호통신 원리 이해 (출처: SK텔레콤)

❶ 양자 암호기술의 개념 이해 및 전망 탐색

- 양자 암호기술은 수신자 외 다른 사람이 메시지를 읽을 수 없는 안전한 암호화 기술이다.
- 이론적으로 양자 암호기술을 사용하면 해킹이 절대 불가하다는 특징이 있다.
- 2010년대까지는 연구소나 대학교에서 연구 대상으로만 취급되었지만 2020년부터 본격적으로 기업이나 기관에서 정보보안을 위해 활용되고 있다.
- 미래 산업 동향 연구 기관 INI R&C에 따르면, 세계 양자 암호 통신 시장은 2020년 약 778백만 달러(약 1조 3,500억 원)에서 2030년에는 29,000백만 달러(약 3조 8,600억 원) 이상의 규모로 성장할 것이며, 연평균 성장률 43.6%로 전망된다. 기술별로 보면 통신 및 네트워크 제품이 가장 비중이 크고 암호 인증 및 데이터 보안, 클라우드 보안 순으로 시장이 형성되어 있다. 양자 암호통신은 2030년 세계 보안 시장의 12%를 점유할 것으로 예상된다.

● 양자 암호 기술 전망

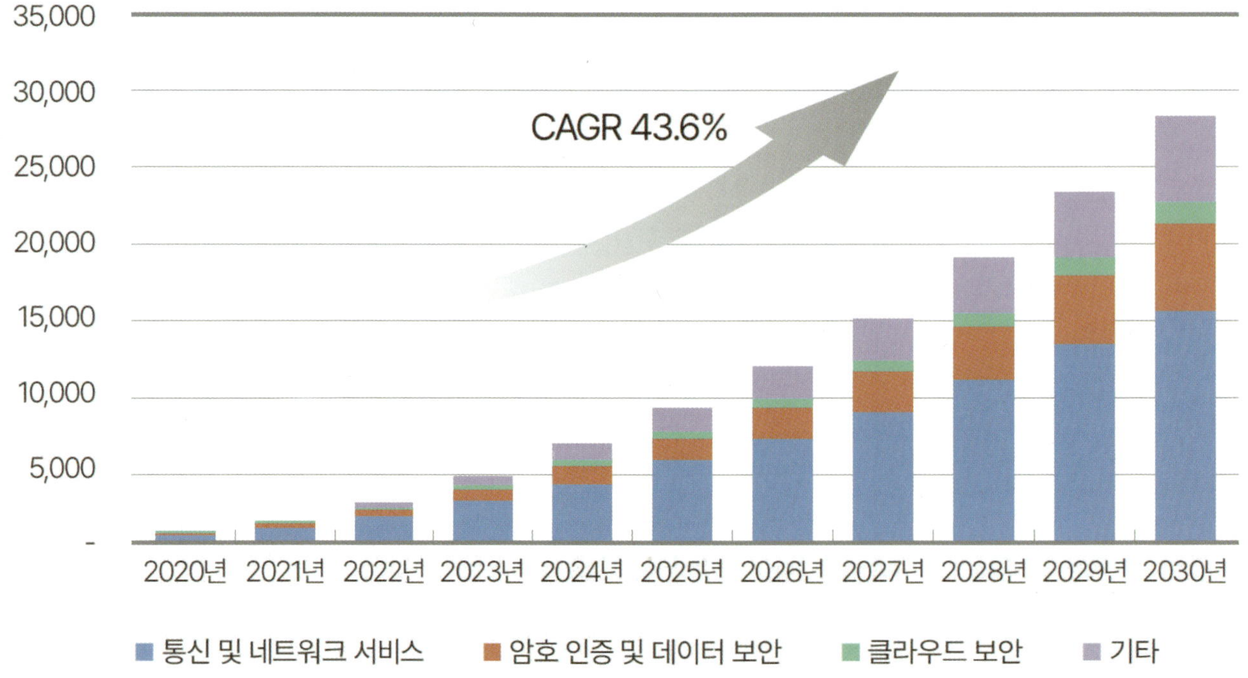

출처: INI R&C

2 양자 암호통신 원리 이해

• 양자 암호는 양자 역학의 원리를 이용하여 개발된 것으로, 해커가 통신을 도청하는 것을 확인하게 되면 그 즉시 전해지던 메시지는 모양을 바꾸어 버려 본래의 메시지를 확인할 수가 없게 된다. 그리고 메시지가 변형되었기 때문에 메시지를 보낸 사람은 해커가 공격을 시도했다는 사실을 알게 되는 것이다.

양자 특성을 통해 제3자가 암호키 탈취 시도시
이를 즉각 감지 가능하고 탈취하려는 정보는 변형됨

출처: SK텔레콤

• 어떤 이는 양자 암호를 뜨거운 태양 아래 아이스크림을 들고 있는 것으로 비유하기도 한다. 더운 날씨에 아이스크림은 원래의 모양에서 바로 녹아내리면서 처음의 형태를 잃어버리게 된다. 그리고 이 아이스크림을 들고 있던 사람은 손에 아이스크림이 묻게 되며 아이스크림이 뜨거운 태양 때문에 녹았다는 사실을 바로 알게 된다.

출처: 서울오빠 블로그

3 양자 암호를 뜨거운 태양 아래 아이스크림을 들고 있는 것으로 비유하기도 하는데, 이러한 특성을 참고하여 양자 암호를 또 다른 비유로 설명해봅시다.

- 양자 암호통신은 양자키분배를 통해 이루어진다. 양자키분배는 해커가 둘 사이의 통신을 해킹할 수 없도록 암호화된 비밀키를 만들어 메시지를 보내는 사람과 받는 사람이 공유하는 방식을 말한다.

• 1984년 IBM의 찰스 베넷(Charles Bennet) 박사와 질 브라사드(Gilles Brassard) 교수가 양자 암호 기술을 발표할 때 최초의 양자키분배 프로토콜로 자신들의 성인 베넷(Bennet)의 B와 브라사드(Brassard)의 B를 따서 BB84 프로토콜을 제안했다. BB84 프로토콜은 지금까지 가장 많이 사용되고 안전성이 잘 증명되어 있다고 여겨진다.

▶ 용어 설명

프로토콜이란? 프로토콜은 통신을 원활하게 할 수 있도록 메시지를 주고받는 양식과 규칙의 체계를 말한다. 쉽게 말해 통신 규칙, 통신 약속이라고 보면 된다.

• BB84 프로토콜은 다음과 같이 이루어진다.

❶ Alice는 Bob에게 약속을 전달한다. 이 약속은 다음과 같다.

✥은 0과 1을 가지고 0은 ↕, 1은 ↔으로 약속한다.

⊠도 0과 1을 가지는데 0은 ↗, 1은 ↘으로 약속한다.

Type of polarization \ Value	0	1
Rectilinear ✥	↕	↔
Diagonal ⊠	↗	↘

❷ Alice는 0과 1을 조합해서 메시지를 만든다. 그리고 ✥이나 ⊠를 선택한다. 그런 다음 약속에 맞게 ↔, ↕, ↗, ↘을 선택한다.

Alice's bit	0	1	1	0	1	0	0	1
Alice's basis	✥	✥	⊠	✥	⊠	⊠	⊠	✥
Alice's polarization	↕	↔	↘	↕	↘	↗	↗	↔

③ Bob은 우선 ✥이나 ⊠를 선택하고 선택한 ✥과 ⊠에 따라 ↔, ↕, ⤢, ⤡을 선택한다. ✥이면 ↔이나 ↕ 중에 하나를 선택하고, ⊠이면 ⤢, ⤡을 선택한다. 그런 다음 약속에 맞게 0과 1을 선택한다. 만약, ✥와 ↔을 선택했다면 숫자는 1을 택해야 한다.

Bob's basis	✥	⊠	⊠	⊠	✥	⊠	✥	✥
Bob's measurement	↕	⤢	⤡	⤢	↔	⤢	↔	↔
Bob's bit	0	0	1	1	0	0	1	1

④ Alice와 Bob은 서로 메시지를 공유한다. ✥과 ⊠, 그리고 ↔, ↕, ⤢, ⤡ 또한 0과 1이 모두 동일하게 나타난 곳을 확인한다. 이것이 Alice와 Bob이 통신한 비밀 암호가 된다.

Alice's bit	0	1	1	0	1	0	0	1
Alice's basis	✥	✥	⊠	✥	⊠	⊠	⊠	✥
Alice's polarization	↕	↔	⤡	↕	⤡	⤢	⤢	↔
Bob's basis	✥	⊠	⊠	⊠	✥	⊠	✥	✥
Bob's measurement	↕	⤢	⤡	⤢	↔	⤢	↔	↔
Bob's bit	0	0	1	1	0	0	1	1
Shared Secret key	0		1			0		1

이진수와 큐비트를 통해 양자컴퓨터에 대해 알아보기

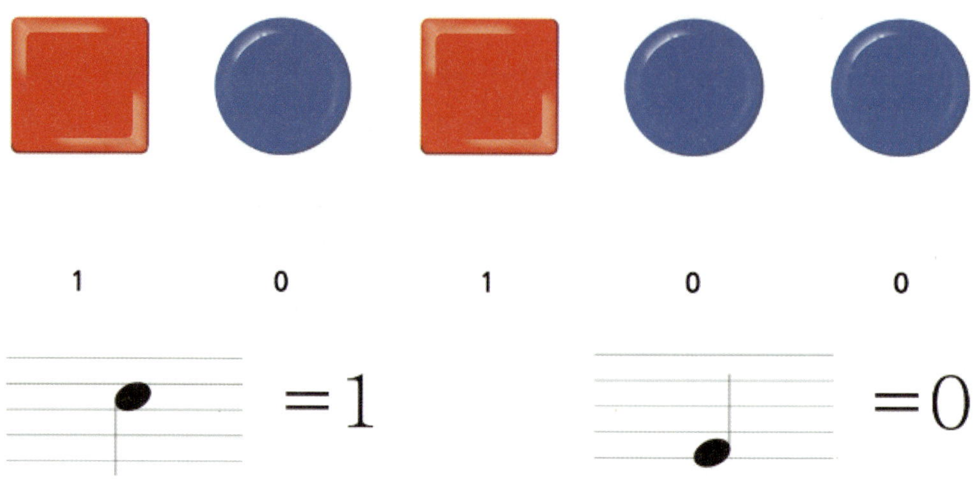

이진수 표현 방식 이해 (출처: 국립특수교육원)

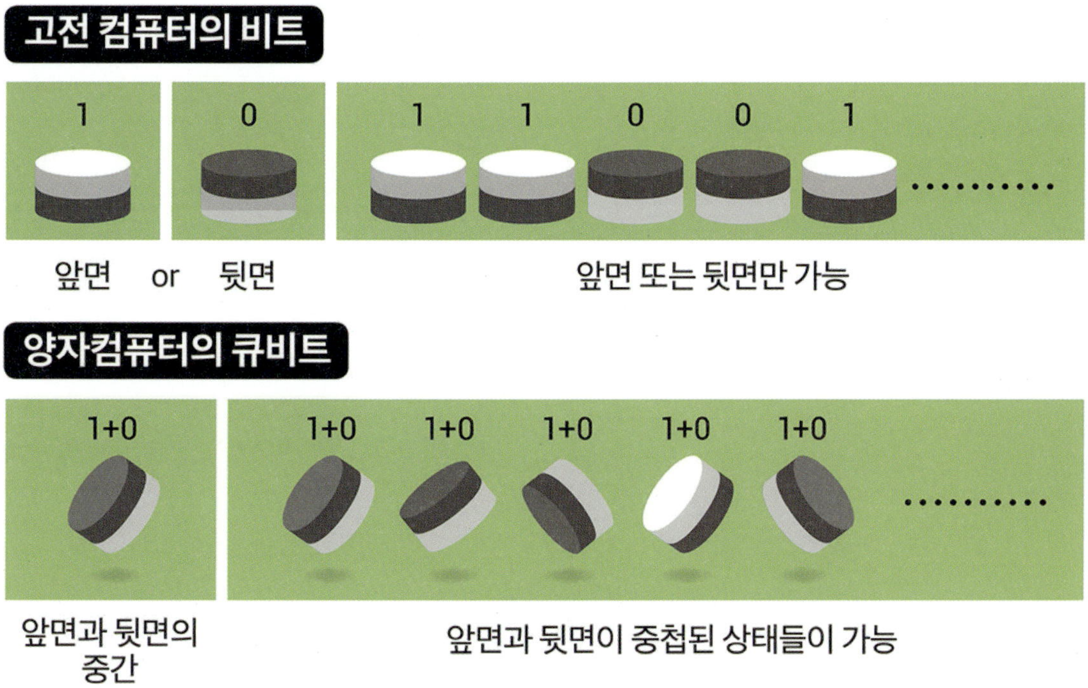

큐비트 개념 이해 (출처: www.rfwireless-world.com)

❶ 이진수 표현 방식 이해

• 우리는 평소에 100원짜리 사탕 10개를 구매하면 1,000원을 내고, 1,000원짜리 과자 10개를 구매하면 10,000원을 낸다. 우리는 십진수를 사용해서 물건을 구매한다.

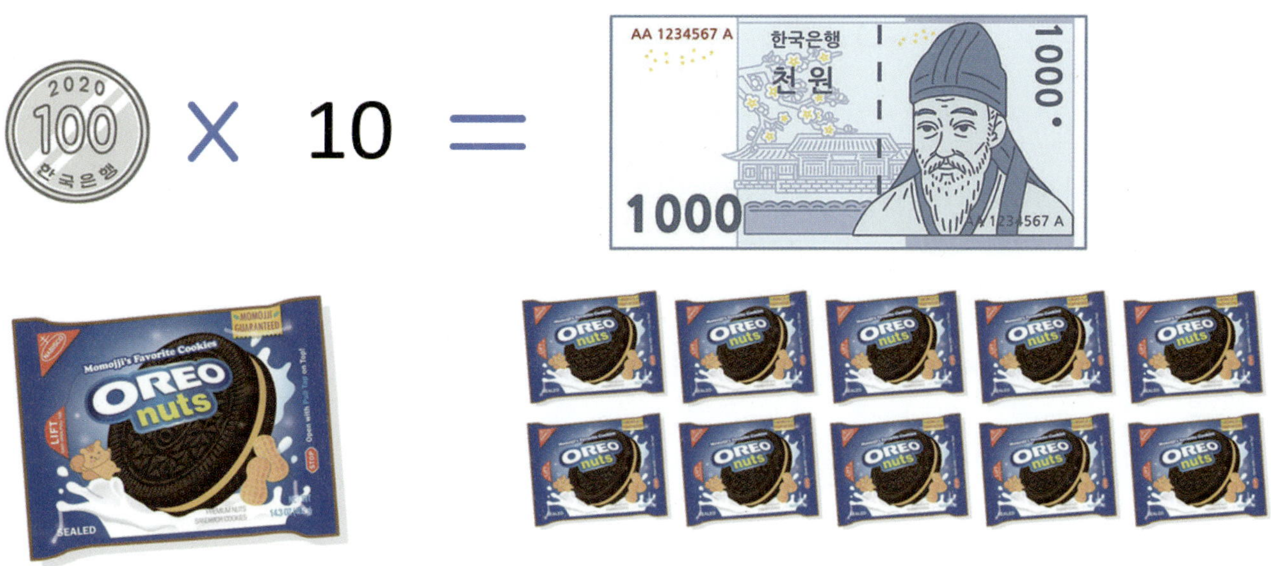

출처: istock, 모모찌 일러스트 활용 저자 제작

• 1년은 12개월이고 2년은 24개월이다. 달력이 날짜를 표시하는 방법은 십이진수이다.

출처: istock

• 60초는 1분을 뜻하고 60분은 1시간을 뜻한다. 시계가 시간을 표시하는 방법은 육십진수이다.

• 초바늘이 작은 눈금 한 칸을 가는 동안 걸리는 시간을 1초라고 합니다.

• 초바늘이 시계를 한 바퀴 도는 데 걸리는 시간은 60초입니다.

출처: 아이스크림 홈런

• 컴퓨터는 0과 1, 2개의 숫자를 사용한다. 즉, 컴퓨터는 이진수를 사용한다.

출처: 데이터 과학 언플러그드

• 이진수를 쉽게 이해하기 위해 모양으로 표현해본다. ▲는 0, ▼는 1이라고 생각해보자.

▲	▲	▲	▼	▼	▼
0	0	0	1	1	1

다음 모양을 보고 숫자로 표현해봅시다.

▲ ▼ ▲ ▼ ▲ ▼

• 이진수를 쉽게 이해하기 위해 소리로 표현해본다. 도는 0, 솔은 1이라고 생각해보자.

0 0 0 1 0 0 1 0

다음 모양을 보고 숫자로 표현해봅시다.

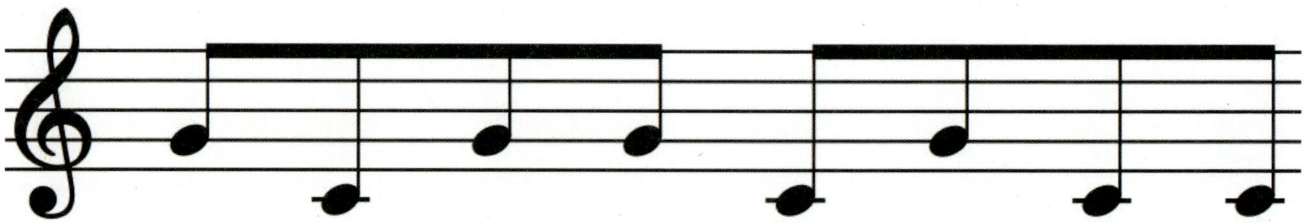

2 큐비트 개념 이해

- 일반적인 컴퓨터는 계산할 때 0과 1로 이루어진 비트를 사용하지만, 양자 컴퓨터는 큐비트를 사용한다.
- 동전으로 비트와 큐비트를 비유해보자. 손 위에 올려진 동전은 앞면 혹은 뒷면만 가능하다. 이 상태는 비트라고 할 수 있다. 반면에 큐비트는 동전을 손 위에 올려두고 손목을 탁! 쳤을 때 공중에 띄워져 있는 동전의 상태를 말한다. 공중에 있는 동전은 앞면인지 뒷면인지 가늠할 수 없다. 앞면일 수도 있고 뒷면일 수도 있는 중간 상태이다. 즉 큐비트는 두 가지 상태가 동시에 중첩될 수 있다.

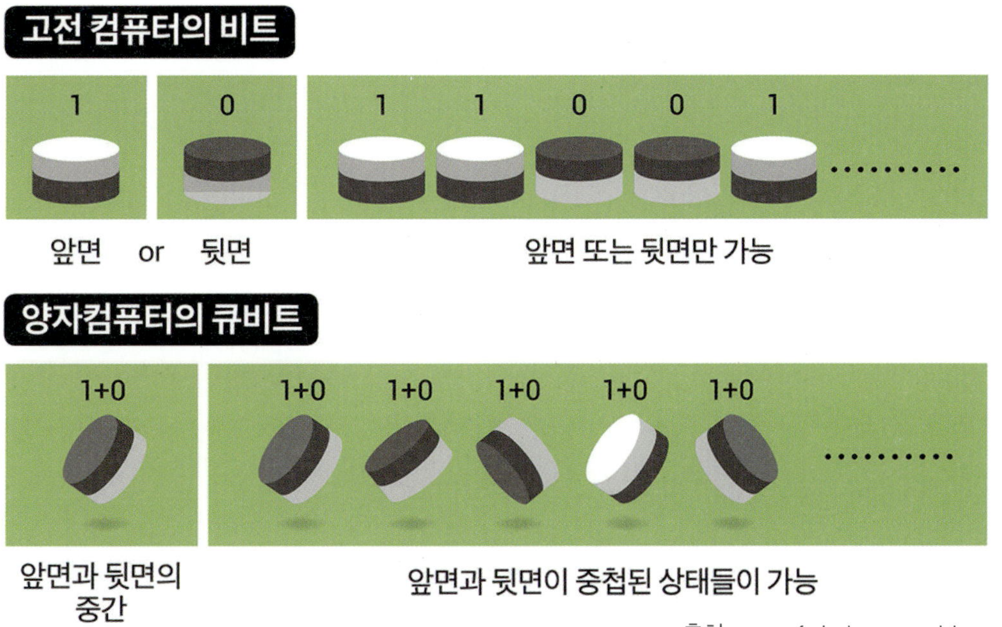

출처: www.rfwireless-world.com

- 영상을 통해 좀 더 자세히 큐비트에 대해 알아보자.

양자 컴퓨터가 뭔데, 모든 암호를 무력화하는 양자 컴퓨터, 미래의 해결사일까 새로운 무기일까? (출처: 차클 플러스)

카드게임으로 큐비트 개념 체험하기

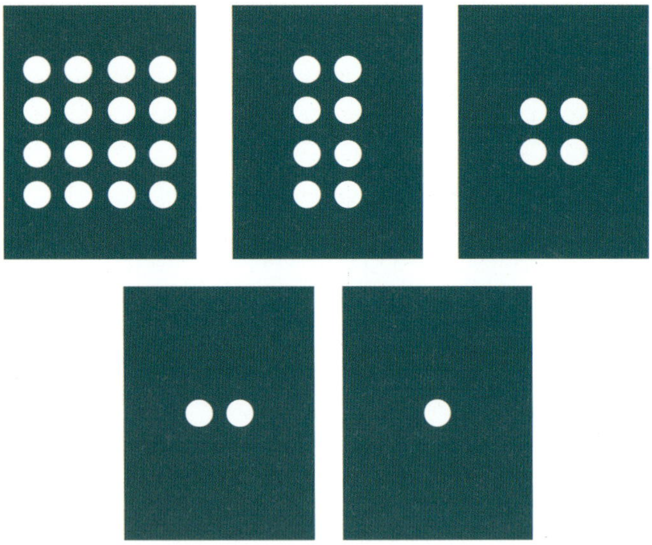

비트 카드게임 수행

더블캐스팅	더블캐스팅	트리플 캐스팅
숫자 2개를 동시에 물어볼 수 있다. 둘 중 하나라도 맞으면 카드를 펼친다.	숫자 2개를 동시에 물어볼 수 있다. 둘 중 하나라도 맞으면 카드를 펼친다.	숫자 3개를 동시에 물어볼 수 있다. 셋 중 하나라도 맞으면 카드를 펼친다.
1타 2피	**1타 2피**	**1타 3피**
숫자 1개를 가지고 2장의 카드를 가리킬 수 있다. 2장의 카드 중 맞는 숫자가 있으면 펼친다.	숫자 1개를 가지고 2장의 카드를 가리킬 수 있다. 2장의 카드 중 맞는 숫자가 있으면 펼친다.	숫자 1개를 가지고 3장의 카드를 가리킬 수 있다. 3장의 카드 중 맞는 숫자가 있으면 펼친다.

큐비트 카드게임 수행

① 비트 카드게임 수행

- 이진수를 사용하는 일반 컴퓨터의 비트 개념을 쉽게 이해할 수 있도록 비트 카드게임을 수행한다.
- 비트 카드게임의 게임방법은 다음과 같다.

① 5장의 카드를 받는다. 각 카드에는 스티커가 1, 2, 4, 8, 16개 붙어있다.

② 카드는 아래와 같이 가장 왼쪽은 16 카드를 놓고 왼쪽으로 갈수록 작아져서 가장 오른쪽에는 1 카드를 놓는다.

③ 모든 카드의 스티커가 안 보이는 뒷장으로 펼쳐 놓으면 총 숫자는 0이 된다.

④ 스티커가 보이게 카드를 놓으면 그 숫자가 되는 것이다.

$= 4$

⑤ 두 장 이상의 카드의 앞장을 펼쳐 놓으면 스티커의 수를 모두 합친 것이 그 숫자가 된다.

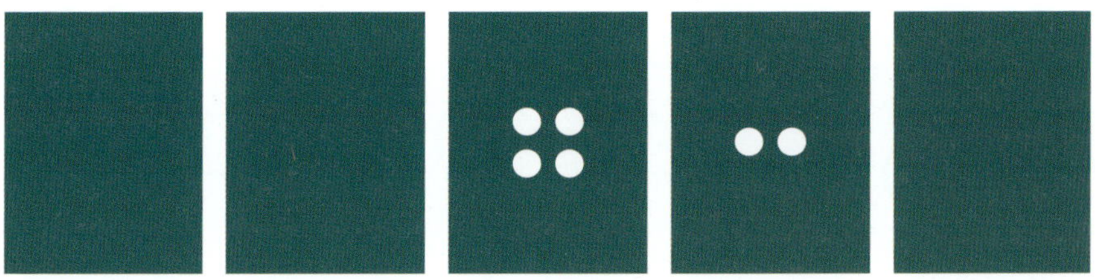

$= 4 + 2 = 6$

$= 8 + 21 = 11$

⑥ 앞 장이 펼쳐진 카드는 1이라 읽고 뒷장은 0이라고 읽는다.

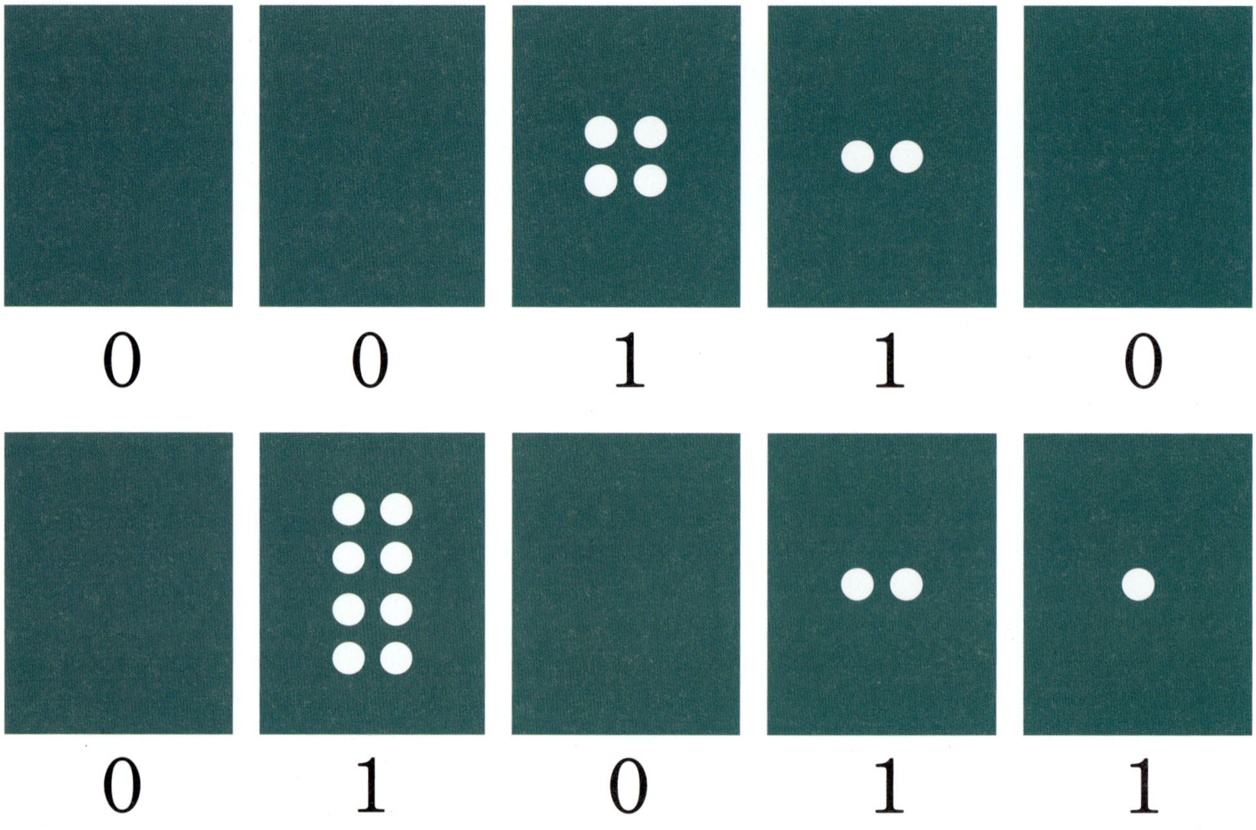

⑦ 활동지에 스티커를 합친 수와 0과 1로 바꾼 수를 적는다. 단, 0과 1로 바꾼 수로 적을 때에는 맨 뒤에 (2)를 붙이면 된다.

$$6 = 0\,0\,1\,1\,0_{(2)} \qquad 11 = 0\,1\,0\,1\,1_{(2)}$$

• 아래 카드를 잘라서 사용하면 된다.

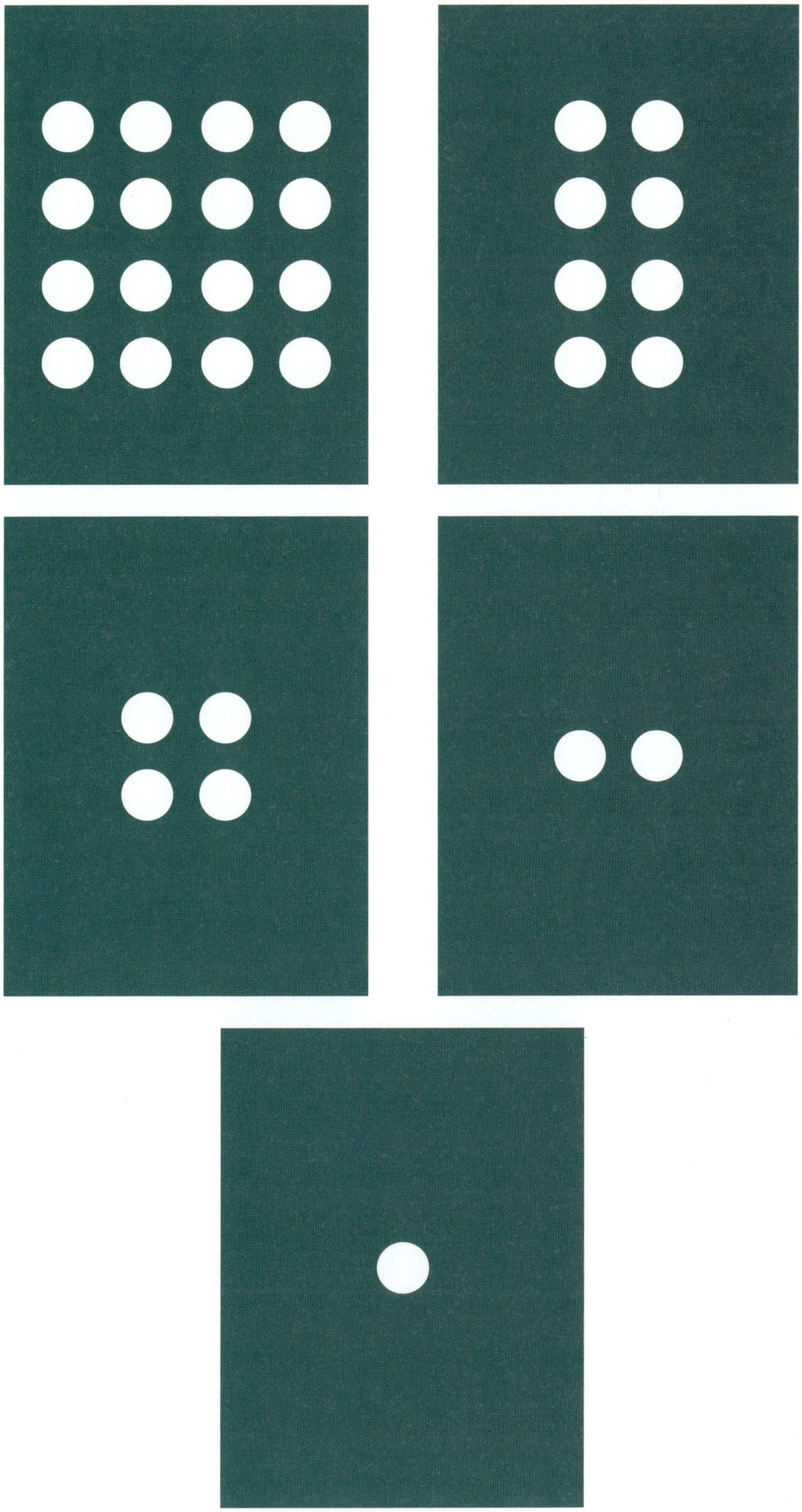

자르는 페이지 뒷면

✔ **선생님이 불러주시는 숫자를 듣고 비트 카드를 사용해서 0과 1로만 표현해봅시다.**

선생님이 불러준 숫자		비트카드로 바꾼 숫자
5	=	0 0 1 0 1 $_{(2)}$
	=	_ _ _ _ _ $_{(2)}$
	=	_ _ _ _ _ $_{(2)}$
	=	_ _ _ _ _ $_{(2)}$
	=	_ _ _ _ _ $_{(2)}$

❷ 큐비트 카드게임 수행

- 이번 게임은 일반적인 카드게임을 수행한 후 큐비트 카드라는 특수 능력카드를 추가하여 얼마나 빨리 게임을 끝낼 수 있는지를 체험하며 양자 컴퓨터가 얼마나 빠르게 계산을 할 수 있는지 알 수 있다.
- 큐비트 카드게임의 게임 방법은 다음과 같다.

❶ 숫자 0부터 11까지 각각 하나씩 적혀있는 흰색과 검은색 카드를 준비하고 두 명이 짝을 지어 게임을 시작한다.

❷ 모든 카드를 잘 섞은 후 각자 네 장씩 카드를 가져오고 자신만 볼 수 있게 한다.

❸ 받은 카드는 왼쪽에 가장 작은 숫자를 놓고 오른쪽으로 갈수록 큰 숫자를 놓는다. 만약 같은 숫자라면 검은색을 왼쪽에 둔다.

3	1	9	9	→	1	3	9	9

❹ 가위바위보를 하고 이긴 사람의 오른쪽으로 순서가 돌아간다.

❺ 자기 차례에서는 뒤집혀있는 카드 중 한 장을 가져와서 가장 오른쪽에 뒤집어 놓는다.

⑥ 상대방의 뒤집혀진 카드를 가리키며 그 카드에 어떤 숫자가 적혀있는지 맞힌다.

⑦ 카드의 숫자가 맞으면 상대방은 그 카드를 펼쳐 놓는다.

⑧ 카드를 맞춘 사람은 계속해서 상대방들의 카드를 추리해도 되고 순서를 넘겨도 괜찮다.

⑨ 순서를 넘길 때는 자기 차례가 될 때 가져온 카드를 펼친다.

⑩ 자신의 카드는 지키면서 상대방의 카드 번호를 모두 펼쳐서 맞히면 승리한다.

⑪ ❶~⑩의 카드게임을 두 번 수행한다.

⑫ 이번에는 큐비트 카드라는 특수 능력카드 여섯 장을 추가해서 같은 규칙으로 게임한다. 큐비트 카드는 더블 캐스팅 카드 두 장, 트리플 캐스팅 한 장, 1타 2피 카드 두 장, 1타 3피 카드 한 장으로 총 여섯 장이다. 큐비트 카드는 바닥에 있는 다른 카드와 섞어서 사용하는데 자기 차례에서 큐비트 카드가 나오면 카드에 적혀있는 특수 능력을 발휘할 수 있다.

• 아래 카드를 잘라서 사용하면 된다.

0	1	2	3	4	5
6	7	8	9	10	11

0	1	2	3	4	5
6	7	8	9	10	11

더블캐스팅	더블캐스팅	트리플 캐스팅	1타 2피	1타 2피	1타 3피
숫자 2개를 동시에 물어볼 수 있다. 둘 중 하나라도 맞으면 카드를 펼친다.	숫자 2개를 동시에 물어볼 수 있다. 둘 중 하나라도 맞으면 카드를 펼친다.	숫자 3개를 동시에 물어볼 수 있다. 셋 중 하나라도 맞으면 카드를 펼친다.	숫자 1개를 가지고 2장의 카드를 가리킬 수 있다. 2장의 카드 중 맞는 숫자가 있으면 펼친다.	숫자 1개를 가지고 2장의 카드를 가리킬 수 있다. 2장의 카드 중 맞는 숫자가 있으면 펼친다.	숫자 1개를 가지고 3장의 카드를 가리킬 수 있다. 3장의 카드 중 맞는 숫자가 있으면 펼친다.

자르는 페이지 뒷면

슈뢰딩거의 고양이 사고실험과 이중슬릿 실험 학습하기

슈뢰딩거의 고양이 사고실험 학습 (출처: 위키백과)

이중슬릿 실험 학습 (출처: 게티이미지)

① 슈뢰딩거의 고양이 사고실험 학습

- 양자 역학에 빠지지 않고 등장하는 개념이 있다면, 바로 슈뢰딩거의 고양이일 것이다.
- 이것은 1935년 오스트리아의 물리학자 에르빈 슈뢰딩거(Erwin Schrödinger)에 의해 고안된 사고실험이다. 말 그대로 실제로 이루어진 실험이 아닌 상상 속의 실험이다.
- 이 사고실험을 쉽게 설명하자면 다음과 같다.

- 먼저, 외부 세계가 차단된 상자가 하나 있다고 가정해보자.
- 그 안에는 고양이, 독약이 들어있는 병, 방사능을 측정할 수 있는 계수관, 계수관과 연결된 망치, 그리고 우라늄 입자가 들어있다. 우라늄은 한 시간이 지나면 붕괴될 수도 있고, 그렇지 않고 멀쩡할 수도 있다. 확률은 반반이다.
- 만약에 우라늄이 붕괴되면 계수관이 우라늄을 확인하게 되고, 그러면 이 계수관과 연결된 망치가 독약이 들어있는 병을 깨뜨릴 것이다. 그러면 고양이가 죽게 될 것이다. 만약에 우라늄이 붕괴되지 않았다면? 계수관도, 망치도 움직이지 않고 독약이 든 병도 깨지지 않아 고양이는 살아있을 것이다.
- 상자를 열기 전까지 고양이가 죽었는지 살았는지 알 수 있는 방법은 없다.
- 양자 역학적 관점에서 고양이는 살아있으면서 죽어있는 상태로 존재한다고 할 수 있다.
- 그런데, 고양이가 살아있으면서 죽어있을 수 있는가? 상식적으로 불가능한 상황이다.
- 바로 이 점을 들어 슈뢰딩거는 양자 역학을 비판하려 한 것이다.

슈뢰딩거의 고양이 사고실험이란? (출처: 떠먹는지식)

❷ 이중슬릿 실험 학습

- 이중슬릿 실험은 이상하게 움직이는 전자에 대한 설명을 실험으로 보여주는 것이다.
- 전자를 발사하는 총 앞에 두 개의 긴 틈이 있는 벽이 있다. 그리고 벽 뒤에 큰 스크린을 두었다고 가정한다.
- 여기서 말하는 전자는 물질의 기본적 구성요소인 원자를 구성하는 요소 중 하나이다.
- 전자 총을 발사하면 공처럼 생긴 전자들이 발사된다.

출처: tnN 신기한 과학나라 캡쳐

- 전자의 일부는 벽에 맞고 튕겨 나가지만, 일부는 두 개의 긴 틈 사이로 통과하여 스크린에 두 줄의 형태로 달라붙게 될 것이라고 예상할 수 있다.

출처: tnN 신기한 과학나라 캡쳐

• 그런데, 실제로 이 긴 틈 두 개가 있는 벽에 전자를 통과시켰더니 두 줄이 아닌 여러 줄이 나온 것이다.

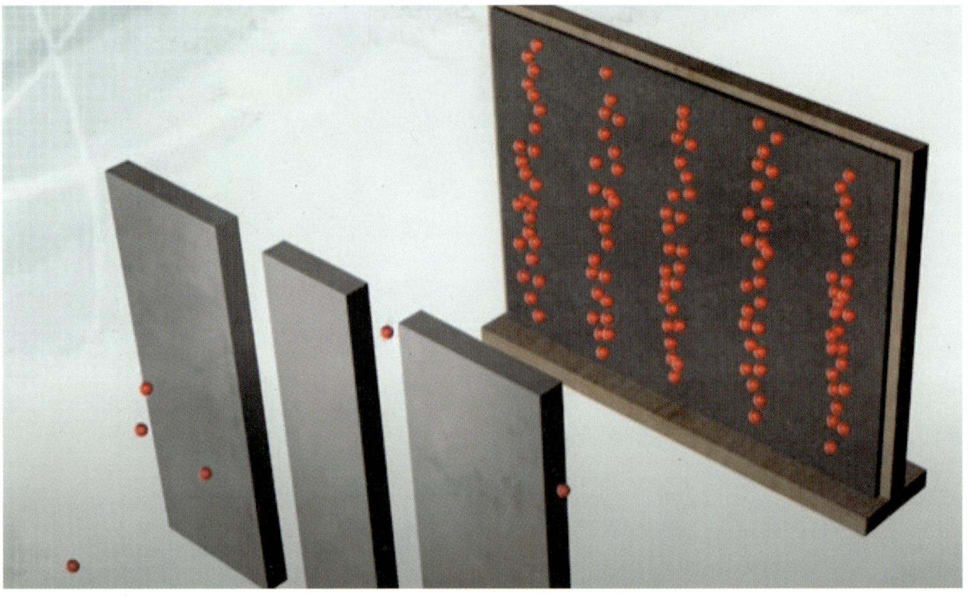

출처: tnN 신기한 과학나라 캡쳐

• 심지어 이 틈 앞에 카메라를 설치하고 입자가 어느 틈으로 빠져나가는지 보려고 실험했더니 다시 두 줄의 형태로 원자가 달라붙게 되었다.

• 과학자들은 말로 설명할 수 없는 이 실험 결과를 해석하기 위해 지금까지도 많은 연구를 진행하고 있다. 이 결과를 해석하는 새로운 이론을 내놓은 몇몇 과학자들은 노벨상을 받기도 했다.

이 두 실험을 본인이 이해한 대로 짝에게 설명해보고 느낀 점을 적어봅시다.

놀이를 통해 양자키분배 개념 체험하기

놀면서 이해하는 양자 암호 기술

1. 양자 암호 만들기

양자키분배의 대표 격인 BB84 프로토콜의 원리를 양자 암호 만들기 놀이로 이해해보자. 앞서 설명한 Alice와 Bob의 역할을 한 명씩 맡아 둘이 통하는 비밀키를 만들어본다. 초등학생도 할 수 있는 단순한 활동이지만, 양자키분배의 기술적 원리를 담고 있어 어려워 보이는 양자 암호 기술을 쉽게 이해하기에 도움이 된다.

양자암호 게임 진행 (출처: 제주 이야기로 만나는 정보보안 인문학, Freepik)

❶ 양자암호 게임 진행

- 4차시에서 학습했던 BB84 프로토콜의 원리를 놀이로 쉽게 이해해보는 활동이다.
- 두 명이 짝을 이뤄 놀이를 진행한다.
- 4차시 설명에서 Alice와 Bob의 역할을 한 명씩 맡아 진행하는 게임이다.
- 선별키는 세 자리가 될 수도 있고, 여섯 자리가 될 수도 있다. 확률에 따라 달라지기 때문에 선별키 자리 수가 모두 달라도 당황하지 않아도 된다.
- 양자암호 게임의 게임방법은 다음과 같다.

① 짝꿍끼리 워크시트 위와 아래를 나눠 가진다.
② 한 사람은 0과 1을 사용하여 비밀키 옆 빈칸에 숫자를 하나씩 써서 비밀키를 만든다.
③ 기저 옆에는 ✣과 ⊠둘 중 마음에 드는 것으로 빈칸에 하나씩 쓴다.
④ 광자에는 워크시트 오른쪽 상단의 표를 보고 비밀키와 기저에 따라 ↔, ↕, ⤢, ⤡를 맞춰보고 빈칸에 하나씩 적는다.

예 비밀키는 0, 기저는 ✣일 경우, 광자에는 ↕를 적으면 된다.

Type of polarization \ Value	0	1
Rectilinear ✣	↕	↔
Diagonal ⊠	⤢	⤡

비밀키	0
기저	✣
광자	↕

출처: Toshiba, 저자

⑤ 짝꿍이 비밀키, 기저, 광자를 적는 동안, 다른 한 친구도 자신의 표에 기저를 ✥나 ⊠ 둘 중 마음에 드는 것으로 빈칸에 하나씩 쓴다.

⑥ 기저에 따라 광자를 빈칸에 하나씩 적는다.

예 기저가 ✥ 인 경우에는 ↔와 ↕ 둘 중 하나를 쓴다.

⑦ 기저와 광자를 보고 오른쪽 상단의 표를 확인하여 빈칸에 0이나 1을 작성하여 비밀키를 만든다.

예 기저가 ⊠, 광자가 ⤢ 인 경우에는 비밀키 0을 적으면 된다.

기저	⊠
광자	⤢
비밀키	0

Type of polarization / Value	0	1
Rectilinear ✥	↕	↔
Diagonal ⊠	⤢	⤡

출처: Toshiba, 저자

⑧ 모든 친구가 모든 빈칸을 채워 비밀키, 기저, 광자를 작성 완료하면 서로 완성된 표를 공유한다.

⑨ 기저, 광자, 비밀키가 모두 동일한 경우 선별키가 되며 가장 하단에 적는다.

비교 예

비밀키	0	1	0	0	1	1	0	1
기저	✥	✥	⊠	⊠	✥	⊠	⊠	⊠
광자	↕	↔	⤢	⤢	↔	⤡	⤢	⤡
기저	⊠	✥	⊠	✥	✥	✥	⊠	⊠
광자	⤢	↔	⤢	↕	↕	↔	⤡	⤡
비밀키	0	1	0	0	0	1	1	1

출처: 저자

선별키: 101

• 아래 워크시트를 잘라서 사용하면 된다.

양자 암호 만들기

Type of polarization \ Value	0	1
Rectilinear ✥	↕	↔
Diagonal ⤧	⤢	⤡

"점선을 따라 잘라서 사용하세요"

• 이름 :

비밀키								
기저								
광자								

• 이름 :

기저								
광자								
비밀키								

• 선별키 :

자르는 페이지 뒷면

힘센 장사 막산이 이야기 속 양자 암호기술 매칭하기

과연 막산이가 강부자를 믿지 않고 거절했더라면 살아남았을까?
당시 막산이가 절대 뚫리지 않는 양자 암호 기술의 원리를 알고 있었더라면 관가에 가지 않고 죽지 않게 되었을까?
그 결과는 당신의 상상에 맡기겠다.

힘센 장사 막산이 이야기와 양자 암호기술 매칭 (출처: 제주 이야기로 만나는 정보보안 인문학)

1 힘센 장사 막산이 이야기와 양자 암호기술 매칭

- 힘센 장사 막산이 이야기에서 양자 암호기술의 어떤 요소가 연관되는지 찾아보고 발표한다.

힘센 장사 막산이 이야기에서 양자 암호기술의 어떤 요소가 연관되나요? 연관되는 내용을 적어보고 발표해봅시다.

양자 암호기술 및 통신과 관련된 진로 탐색하기

[전문가 칼럼] 양자통신 분야의 기술과 인력 전망

최근 여러 매체를 통해 양자기술에 대한 내용이 많이 다루어지면서 양자(quantum)라는 단어가 일반인에게도 꽤 많이 노출되고 있다. 다양한 양자기술 응용 분야 중 가장 상용화에 가까운 기술로 양자통신 기술을 손꼽는다.

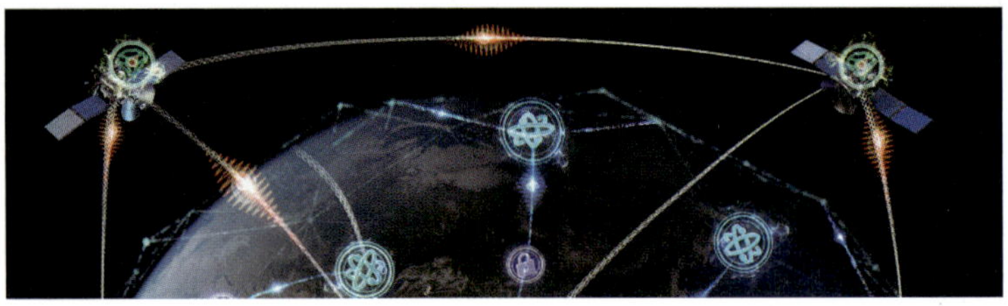

양자 암호기술 및 통신 관련 직업 탐색 (출처: 한국여성과학기술인육성재단)

나의 적성과 연관된 직업 탐색 (출처: Freepik)

① 양자 암호기술 및 통신 관련 직업 탐색

• 인터넷 검색을 통해 양자 암호기술 및 통신과 관련된 직업을 찾아본다.

✔ 양자 암호기술 및 통신과 관련된 직업은 무엇이 있고 무슨 일을 하는지 적어봅시다.

직업 이름	하는 일

❷ 나의 적성과 연관된 직업 탐색

• 다양한 직업 중 나의 적성에 맞을 것 같은 양자 암호기술 및 통신 관련 직업을 찾아보고 그 이유를 생각해본다.

나의 적성에 잘 맞는 것 같은 양자 암호기술 및 통신 관련 직업은 무엇인지, 그 일은 무슨 일을 하는지 자세히 적어봅시다.

직업 이름	하는 일

이 직업을 선택한 이유는 무엇이고 나는 이 직업에서 어떤 일을 잘할 수 있을지 적어봅시다.

이 직업을 선택한 이유	
이 직업을 하면서 내가 잘할 수 있는 일	

03

—

삼 천년을 산 사만이 이야기 속 피싱 공격

수업 정보

이런 것들이 필요해요	스마트폰 / 태블릿 PC / 노트북			
학교 수업과는 이렇게 연결돼요	학년(군)	교과	성취기준	
	5–6학년	국어	[6국05–02]	작품 속 세계와 현실 세계를 비교하며 작품을 감상한다.
	5–6학년	실과	[6실06–09]	프로그래밍 도구를 사용하여 기초적인 프로그래밍 과정을 체험한다.

활동 내용 미리보기

- ◆ 삼천 년을 산 사만이 이야기 파헤치기
  - 삼천 년을 산 사만이 이야기를 읽고 내용 파악하기
  - 삼천 년을 산 사만이 이야기의 등장인물을 설명하고 줄거리 요약하기
- ◆ 피싱의 다양한 유형과 피해 사례 알아보기
  - 보이스 피싱, 스피어 피싱, 웨일링, 클론 피싱, 스미싱 등 알아보기
  - 피싱 관련 피해 사례를 뉴스 기사를 탐색하여 찾아보기
- ◆ 피싱을 예방할 수 있는 방법 학습하기
  - 보이스 피싱, 스미싱 등 피싱 피해 예방 웹툰 찾아보기
- ◆ 프로세싱 언어 기초 학습하기
  - 코딩을 배워야 하는 이유, 코딩과 프로그래밍의 차이점 알아보기
  - 프로세싱을 설치하고 간단한 도형(원, 타원, 정사각형, 직사각형) 그리기
- ◆ 프로세싱 언어 심화 학습하기
  - 변수와 함수의 개념, 함수의 실행원리 알아보기
  - 움직이는 그림을 만들기 위한 setup()과 draw() 함수 사용방법 이해하기
  - 프로세싱의 조건문과 관계 연산자를 이해하고 조건문 실행하기
  - 주어진 그림을 보고 똑같이 그려보는 문제 해결하기
- ◆ 삼천 년을 산 사만이 이야기 속 피싱 공격 매칭하기
  - 삼천 년을 산 이야기와 피싱 공격이 어떤 연관이 있는지 찾아 발표하기
- ◆ 피싱 예방과 관련된 진로 탐색하기
  - 피싱 예방 포스터를 프로세싱으로 만들어보기
  - 나의 흥미, 적성과 연관이 있는 피싱 예방 관련 직업이 무엇인지 찾아 발표하기

활동 예시

사만이 이야기 독서

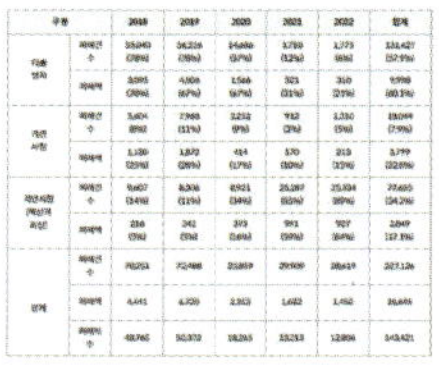

피싱 피해 사례 탐색

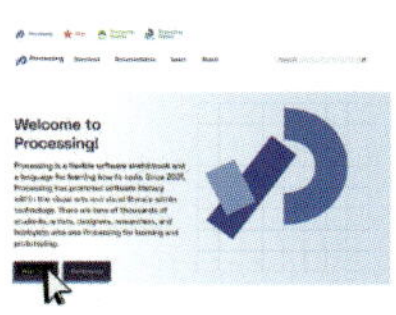

프로세싱 학습

이야기와 기술 매칭

나의 미래와 연결

03 삼 천년을 산 사만이 이야기 속 피싱 공격

삼천 년을 산 사만이 이야기 파헤치기

저승사자들은 염라대왕과 판관들이 인간 세계에 내려간 사이에 수명 책을 폈다. 수명 책에서 사만이의 이름을 찾았다. 이들은 눈을 딱 감고, 삼십의 열 십자(十) 위에다가 한 획을 쭉 그어 삼천(三千)으로 바꿔버렸다.

삼 천년을 산 사만이 이야기 독서 (출처: 제주 이야기로 만나는 정보보안 인문학)

삼 천년을 산 사만이 스토리텔링 (출처: 허그맘)

1 삼 천년을 산 사만이 이야기

- 삼 천년을 산 사만이 이야기를 통해 저승사자가 고쳐 준 운명 이야기를 읽으면서 문해력을 키울 수 있는 활동이다.

Chapter

8

삼천 년을 산 사만이

저승사자가 고쳐준 운명: 피싱

본래 수명인 삼십 년에서 삼천 년을 살게 된
사만이 이야기에서 나타나는 피싱

는 부인이 말한 대로 머리카락을 팔아 쌀을 사러 가고 있었다. 쌀을 사러 가던 도중 장 한구석에 사람들이 잔뜩 모여 웅성거리고 있는 것을 발견했다.

"다들 뭘 그렇게 보고 있는 것이오?" 사만이는 무리 중 한 사람에게 물었다.

삼 천년을 산 사만이 이야기 읽기 (출처: 제주 이야기로 만나는 정보보안 인문학)

❷ 삼 천년을 산 사만이 스토리텔링

- 삼 천년을 산 사만이 이야기를 읽어보고 이야기의 줄거리를 요약해보는 과정이다.
- 친구에게 이야기의 등장인물과 사건, 지식, 정보를 요약해서 설명하는 과정을 통해 학생들은 상대방과 교감하고 상호작용하는 방법을 익힐 수 있다.

삼 천년을 산 사만이 이야기를 요약해보고 느낀 점을 적어봅시다.

줄거리	
느낀 점	

챗 GPT와 함께 피싱 공격과 방지 기술 만나기

안녕, 챗 GPT? 나는 대한민국에 사는 초등학교 6학년이야. 피싱 공격에 대해서 알고 싶은데 설명해줄 수 있니?

챗GPT

안녕하세요! 피싱 공격에 대해 설명해드릴게요.

피싱 공격은 해커나 사기꾼이 사람들을 속여서 중요한 정보를 빼앗으려고 하는 사기 수법이에요. 이런 정보에는 아이디, 비밀번호, 은행 계좌 정보, 신용카드 번호 등이 포함될 수 있어요.

그렇구나! 이런 해커나 사기꾼들이 사람들을 어떻게 공격하는지 알려줘.

챗GPT

네 피싱 공격은 다양한 방법이 있어요.

1. 가짜 이메일
해커가 진짜 회사나 기관인 것처럼 보이는 이메일을 보내요. 이 이메일에는 링크나 첨부 파일이 포함되어 있을 수 있어요. 이 링크를 클릭하거나 파일을 열면 해커가 정보를 훔칠 수 있어요.

2. 가짜 웹사이트
해커가 진짜 웹사이트처럼 보이는 가짜 웹사이트를 만들어서, 여러분이 로그인 정보를 입력하게 유도해요. 예를 들어, 은행 웹사이트처럼 보이지만 사실은 가짜예요.

3. 가짜 메시지
문자 메시지나 소셜 미디어 메시지를 통해 가짜 링크를 보내요. 메시지를 통해 사용자를 속여서 정보를 입력하게 만들어요.

그런데 나는 아직 은행 계좌는 없는데, 나도 피싱을 조심해야 해?

챗GPT

네, 은행 계좌가 없더라도 피싱을 조심해야 해요. 피싱은 단순히 은행 정보만 노리는 것이 아니라, 다양한 방식으로 여러분의 개인 정보를 빼앗으려고 해요. 여러분이 사용하는 이메일, 소셜 미디어 계정, 게임 계정 등도 피싱의 대상이 될 수 있답니다.

왜 피싱을 조심해야 할까요?

게임 계정과 아이템 도난

피싱 공격으로 게임 계정 정보를 빼앗기면, 소중한 게임 캐릭터나 아이템을 잃을 수 있어요. 해커는 여러분의 계정을 이용해 게임 아이템을 팔거나 다른 사람에게 넘길 수 있어요.

이메일과 소셜 미디어 계정 해킹

이메일이나 소셜 미디어 계정을 해킹당하면, 해커가 여러분의 친구나 가족에게 피싱 메시지를 보낼 수 있어요. 이로 인해 다른 사람도 피해를 입을 수 있어요.

개인 정보 유출

이름, 주소, 생년월일 같은 개인 정보가 유출되면, 해커가 이를 이용해 사기를 치거나 다른 피싱 공격에 사용할 수 있어요.

그럴 수 있겠구나. 그럼 실생활에서 피싱을 당하지 않으려면 어떤 방법들이 있을까?

챗GPT

피싱을 당하지 않으려면 몇 가지 주의해야 할 점들이 있어요. 몇 가지 방법을 소개해드릴게요.

1. 의심스러운 이메일, 메시지 조심하기

의심스러운 이메일이나 메시지를 받았을 때는 반드시 확인해보세요. 발신자가 익숙하지 않거나 이상하다면 그 메시지를 열지 않는 것이 좋아요.

2. 링크와 첨부 파일 조심하기

이메일이나 메시지에 포함된 링크나 첨부 파일을 클릭하거나 열지 않는 것이 좋아요. 가짜 웹사이트나 악성 소프트웨어가 숨어있을 수 있어요.

3. 공식 웹사이트 사용하기

은행이나 온라인 서비스를 이용할 때는 항상 공식 웹사이트나 앱을 사용하세요. 가짜 웹사이트는 보안에 취약하고, 개인 정보가 유출될 수 있어요.

4. 개인 정보 조심하기

개인 정보를 온라인에서 공유할 때는 주의하세요. 은행 계좌 번호나 신용카드 정보, 주소와 같은 개인 정보는 안전한 곳에서만 입력해야 해요.

5. 암호화된 연결 사용하기

민감한 정보를 전송할 때는 항상 암호화된 연결을 사용하세요. 주소 표시줄에 "https://"가 있는지 확인하세요.

6. 정기적으로 비밀번호 변경하기

온라인 계정의 비밀번호는 주기적으로 변경하는 것이 좋아요. 가능하다면 강력한 비밀번호를 사용하세요.

7. 소프트웨어 업데이트 확인하기

컴퓨터나 스마트폰의 소프트웨어를 항상 최신 상태로 유지하세요. 보안 패치가 제공되면 즉시 업데이트하세요.

이런 방법들을 따르면 피싱 공격으로부터 안전하게 자신의 정보를 보호할 수 있어요. 항상 조심하고 의심스러운 상황에서는 어른이나 전문가의 도움을 받는 것이 좋아요.

오늘 설명 고마워! 앞으로 항상 피싱 공격을 조심하면서 인터넷을 사용해야겠다.

피싱의 다양한 유형과 피해 사례 알아보기

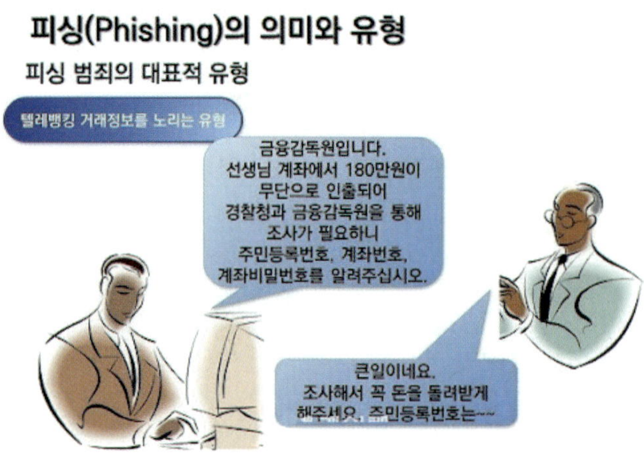

다양한 피싱의 유형 이해 (출처: 케이랜, 대한지방자치뉴스)

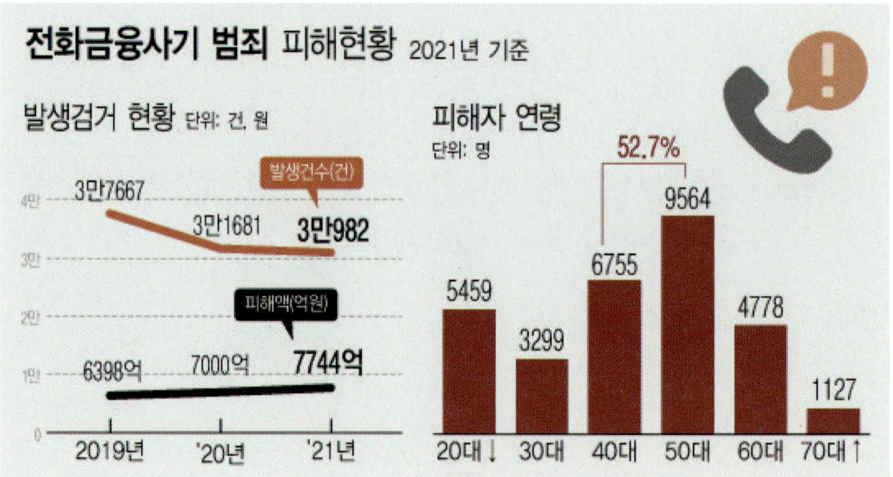

피싱 관련 피해 사례 탐색 (출처: 뉴시스)

1 다양한 피싱의 유형 탐색

- 피싱(Phishing)은 개인정보(Private Data)와 낚시(Fishing)의 합성어로 이메일이나 문자 등을 사용해서 피해자 주변의 사람이나 기업인 것처럼 위장해 피해자의 정보나 통장의 돈을 빼앗는 공격 수법을 말한다.
- 피싱의 다양한 유형은 다음과 같다.

보이스 피싱	가장 많이 알려진 피싱 공격 중 하나인 보이스 피싱은 '목소리(Voice)' 즉, 전화를 통한 피싱 범죄이다. 전화로 은행원이나 경찰관 등을 사칭하여 계좌번호를 알려달라고 하거나 카드 비밀번호를 알려달라고 요청하는 경우가 많다.
스피어 피싱	스피어(Spear)는 작살 같은 꼬챙이를 의미하는데 여러 사람을 표적으로 공격하는 것이 아니라 물고기 하나를 작살로 꽂아서 낚시하듯 한 사람이나 한 기업을 특정하여 공격하는 피싱의 유형 중 하나이다. 정부에서 일하는 사람을 표적으로 공격하면 무작위로 공격하는 것보다 효율적으로 공격에 성공할 수 있기 때문에 이러한 공격 방식을 취하기도 한다.
웨일링	웨일링(Whaling)은 고래를 의미하는 Whale에서 따온 것인데, 대기업의 대표나 임원들을 대상으로 공격하는 피싱 방법이다. 일반적인 회사원보다 기업의 대표들은 접근할 수 있는 정보가 더 많을 것이다. 이들을 공격해서 회사 직원들의 정보는 물론 회사 웹사이트에 있는 고객들의 정보까지 모두 빼앗아 갈 수 있다.
클론 피싱	클론(Clone)은 복사품, 복제품을 일컫는 단어이다. 클론 피싱은 이전에 피해자가 받았던 이메일을 거의 똑같이 복사해서 자세히 보지 않으면 알 수 없도록 이메일을 보내 가짜 웹사이트를 열거나 파일을 열도록 유도하는 피싱 공격이다.
스미싱	스미싱은 문자를 의미하는 SMS와 피싱이 합쳐진 단어로 문자로 사람을 속이는 피싱 공격을 의미한다. 예를 들면, 카드가 발급되었는데 자신이 발급하지 않았다면 클릭하라는 문자를 보내는 것이다. 피해자가 은행이나 카드사가 보낸 문자라고 생각하고 그 문자를 클릭하는 순간 자신의 정보가 해커에게 넘어갈 수 있다.

2 피싱 관련 피해 사례 탐색

- 2018년부터 2022년 보이스 피싱 피해 건수는 22만 건이 넘고, 피해 금액은 1조 6천억 원 이상이다.
- 대출을 해준다는 보이스 피싱에 관한 피해가 60%가 넘었고, 정부나 특정 기관을 사칭한 유형이 약 22%, 지인을 사칭한 스미싱이 약 17%였다. 지인 사칭 스미싱은 2020년까지만 해도 피해액이 373억 원이었으나 2022년에는 927억 원으로 엄청나게 늘어났다.

구분		2018	2019	2020	2021	2022	합계
대출 빙자	피해건수	55,040 (78%)	56,216 (78%)	14,686 (57%)	3,710 (12%)	1,775 (6%)	131,427 (57.9%)
	피해액	3,095 (70%)	4,506 (67%)	1,566 (67%)	521 (31%)	310 (21%)	9,998 (60.1%)
기관 사칭	피해건수	5,604 (8%)	7,966 (11%)	2,252 (9%)	912 (3%)	1,310 (5%)	18,044 (7.9%)
	피해액	1,130 (25%)	1,872 (28%)	414 (17%)	170 (10%)	213 (15%)	3,799 (22.8%)
지인사칭 (메신저 피싱)	피해건수	9,607 (14%)	8,306 (11%)	8,921 (34%)	25,287 (85%)	25,534 (89%)	77,655 (34.2%)
	피해액	216 (5%)	342 (5%)	373 (16%)	991 (59%)	927 (64%)	2,849 (17.1%)
합계	피해건수	70,251	72,488	25,859	29,909	28,619	227,126
	피해액	4,441	6,720	2,353	1,682	1,450	16,645
	피해자수	48,765	50,372	18,265	13,213	12,806	143,421

출처: 강민국 국회의원실

인터넷 검색을 통해 피싱 관련 피해 사례를 탐색해보고 느낀 점을 적어봅시다.

피싱을 예방할 수 있는 방법 학습하기

출처: 금융위원회, 방송통신위원회, 경찰청, 유섬

출처: 과학기술정보통신부, 금융위원회, 방송통신위원회, 경찰청, 금융감독원, 한국인터넷진흥원

피싱 피해 예방 웹툰 탐색

1 피싱 피해 예방 웹툰 탐색

- 피싱 관련 범죄가 잦아지고 피해액이 많아지면서 정부는 많은 사람이 피싱 피해를 보지 않도록 노력하고 있다. 이에 금융위원회, 금융감독원, 경찰청 등 여러 정부 기관들에서 피싱 피해 예방 웹툰을 만들어서 배포하고 있다.
- 인터넷 검색을 통해 피싱 피해 예방 웹툰을 쉽게 접할 수 있다.

출처: 금융위원회, 방송통신위원회, 경찰청, 유섬

인터넷 검색을 통해 다양한 피싱 예방 웹툰을 찾아보고 느낀 점을 적어봅시다.

프로세싱 언어 기초 학습하기

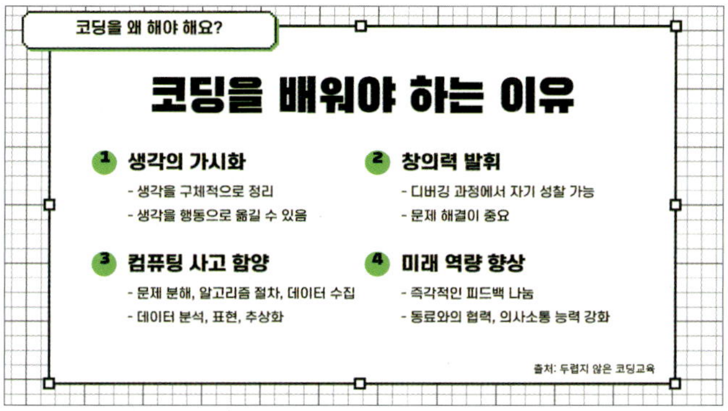

코딩을 배워야 하는 이유 이해 (출처: 두렵지 않은 코딩교육)

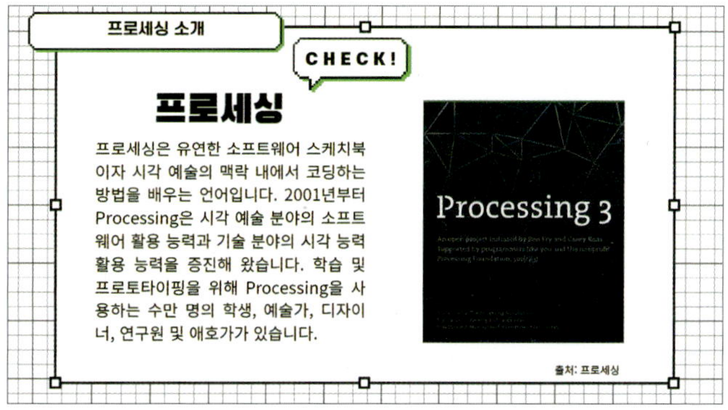

프로세싱 도형 그리기 (출처: 프로세싱)

1 코딩을 배워야 하는 이유 이해

- 코딩(Coding)은 어떤 명령을 컴퓨터가 읽을 수 있는 형태의 언어인 코드(Code)로 입력하는 것을 의미한다. 스마트폰, 자동차, TV, 컴퓨터 등과 같은 기기에는 기계를 작동시키는 프로그램이 탑재돼 있다. 이 프로그램이 작동하기 위해서는 기계가 이해할 수 있는 언어로 명령해야 하는데, 이때 쓰이는 언어가 컴퓨터 언어인 코드이다. 코딩은 컴퓨터의 명령코드를 쓰는 작업이라고 할 수 있다.

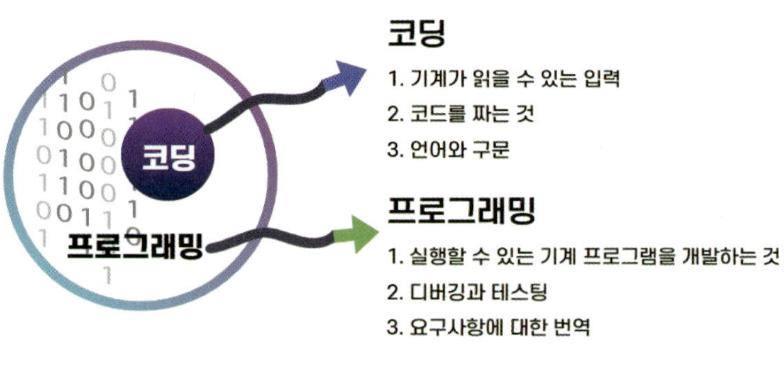

- 프로그래밍(Programming)은 특정 목적을 달성하기 위해 설계된 알고리즘을 프로그래밍 언어를 사용하여 구체적인 프로그램으로 작성하는 과정을 가리킨다. 즉, 프로그래머가 원하는 방식대로 컴퓨터가 움직일 수 있도록 컴퓨터에 알려주는 일을 뜻한다.
- 쉽게 말하면 코딩은 코드를 짜는 행위만을 말하지만, 프로그래밍은 코딩도 하고 프로그램이 잘 작동하도록 만들고, 프로그램이 잘 작동하지 않으면 문제도 해결하는 여러 가지 일을 모두 포함하는 것이다.

• 코딩을 배워야 하는 이유는 다음과 같다.

1 생각의 가시화
- 생각을 구체적으로 정리
- 생각을 행동으로 옮길 수 있음

2 창의력 발휘
- 디버깅 과정에서 자기 성찰 가능
- 문제 해결이 중요

3 컴퓨팅 사고 함양
- 문제 분해, 알고리즘 절차, 데이터 수집
- 데이터 분석, 표현, 추상화

4 미래 역량 향상
- 즉각적인 피드백 나눔
- 동료와의 협력, 의사소통 능력 강화

2 프로세싱 도형 그리기

• 프로세싱은 디자인 분야에서 코딩을 통해 예술 작품을 만들고 창의적인 작업을 할 수 있도록 만들어진 프로그래밍 언어이다.

• 프로세싱은 컴퓨터 그래픽, 미디어아트, 데이터 시각화, 인터랙티브 설치물 등 다양한 분야에서 사용되며, 예술가, 디자이너, 교육자, 프로그래머 등 다양한 사용자들에게 인기가 있다.

• 프로세싱을 설치하는 방법은 다음과 같다.

① 크롬 열기
② https://processing.org/ 방문하기
③ Download 클릭하기

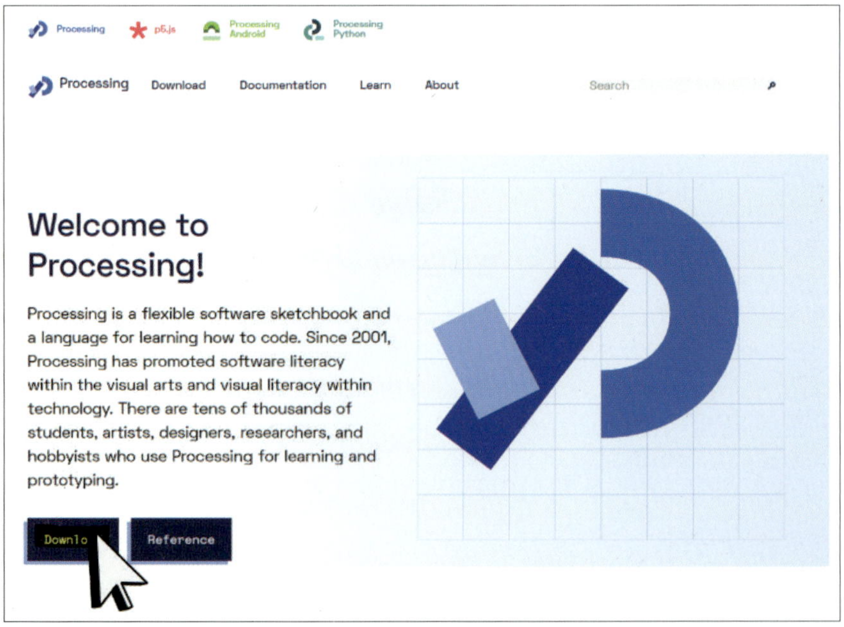

④ Windows 버전 확인하기

⑤ 원하는 운영체제에 맞춰 다운로드 하기

⑥ 다운로드된 압축파일 압축 해제하기

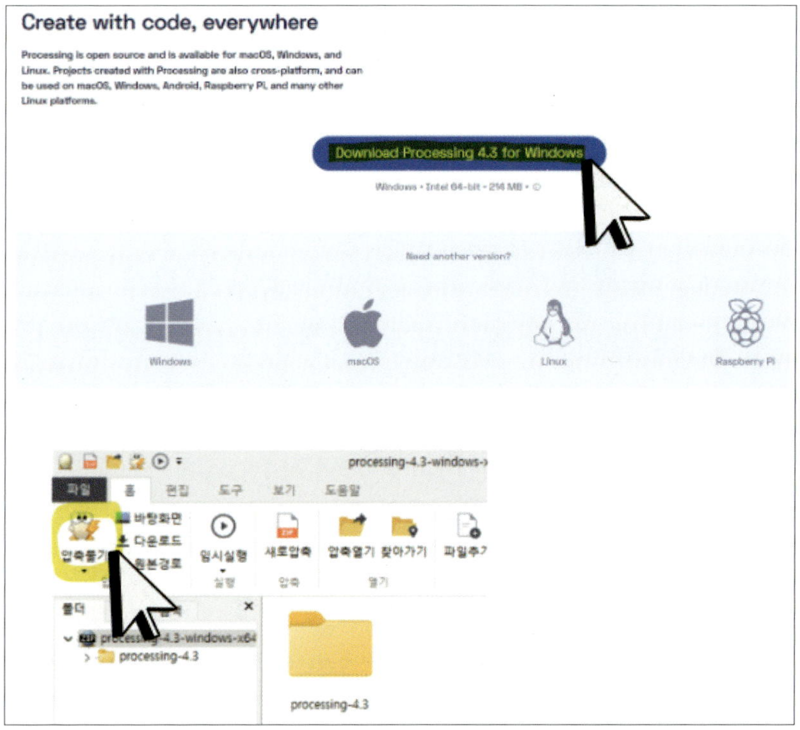

⑦ 압축 해제한 폴더 열기

⑧ processing.exe 더블클릭하기

⑨ 오른쪽 화면처럼 나오면 성공!

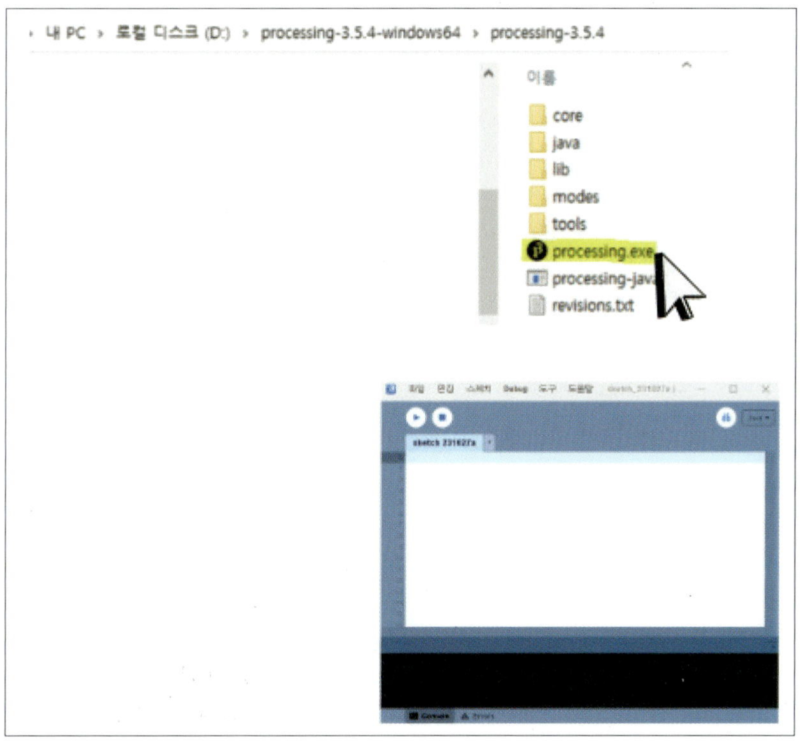

• 프로세싱으로 다양한 도형을 쉽게 그릴 수 있다.

• 도형을 그리기 전에 먼저 스케치북을 펴야 한다. 스케치북을 펴는 코드는 **size(너비,높이);** 이다. 항상 코드를 입력한 후에는 ▶ Run 버튼을 눌러 확인한다.

- 스케치북의 색을 바꾸는 코드는 **background(색상선택);** 이다. 색상선택을 하는 방법은 도구 → 색상선택... → 원하는 색깔 클릭 → copy 클릭 → **background(색상선택);** 의 색상선택 부분에 붙여넣기 하면 된다. 색을 바꾸는 또 다른 코드는 **background(r,g,b);** r,g,b 부분에 빛의 삼원색인 빨간색(red), 초록색(green), 파란색(blue)를 섞어서 색깔을 만드는 것이다. 이 색깔은 많이 섞고 싶은 색깔의 숫자를 크게 하면 되는데, 숫자는 0부터 255까지 할 수 있다. **예 빨간색: background(255,0,0); 흰색: background(255,255,255); 검은색: background(0,0,0);**
- 원을 그리는 코드는 **circle(x,y,크기);** 이고, 타원을 그리는 코드는 **ellipse(x,y,너비,높이);** 이다. 여기서 x와 y는 x좌표와 y좌표를 의미하는데, 스케치북에서 가장 위쪽, 가장 왼쪽 모서리에서부터 시작해 x좌표는 오른쪽으로 가고, y좌표는 아래쪽으로 내려간다.
- 정사각형을 그리는 코드는 **square(x,y,크기);** 이고, 직사각형을 그리는 코드는 **rect(x,y,너비,높이);** 이다.
- 도형의 색깔은 색을 바꾸고 싶은 도형 코드 윗줄에 fill(색상선택); 코드를 입력하면 된다.
- 선을 그리는 코드는 **line(x1,y1,x2,y2);** 이고, 선 굵기를 조절하는 코드는 **strokeWeight(굵기);** 이다. 선은 x1과 y1 좌표에 있는 점과 x2와 y2 좌표에 있는 점 2개가 연결되어 선으로 표시되는 것이다. 선의 굵기를 나타내는 코드에서 Weight의 W는 대문자로 써야 한다. 두 개의 단어가 하나로 연결된 것은 두 번째 단어의 첫 번째 글자를 대문자로 쓴다. 그리고 **strokeWeight(굵기);**는 **line(x1,y1,x2,y2);** 윗줄에 써야 한다.

프로세싱으로 원, 사각형, 선 그리기를 연습해봅시다.

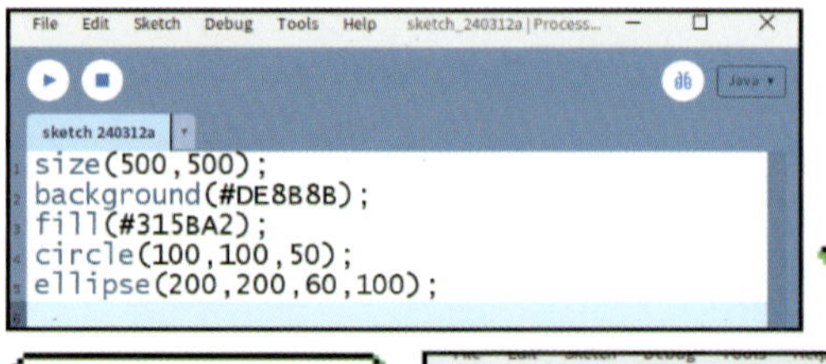

원 그리기
circle(x, y,크기);
ellipse(x,y,너비,높이);
색 채우기
fill(색상선택);

사각형 그리기
square(x, y,크기);
rect(x,y,너비,높이);

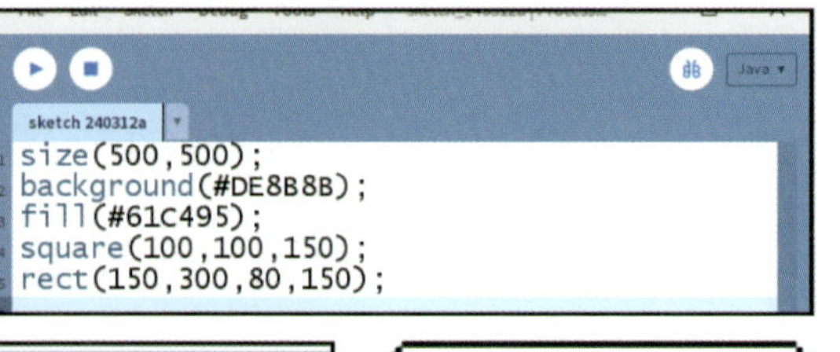

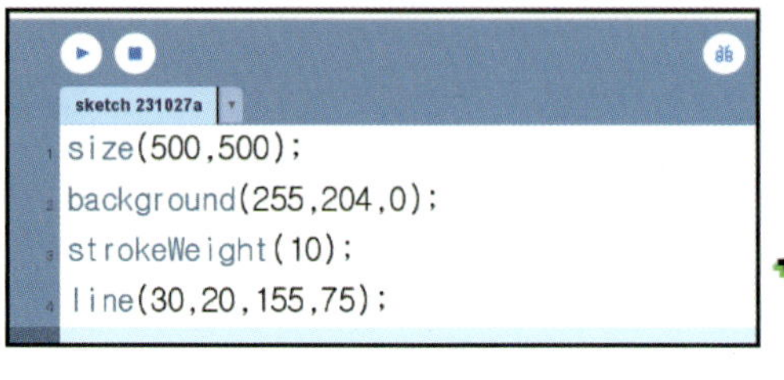

선 그리기
line(x1, y1,x2,y2);
선 굵기 조절
strokeWeight(굵기);

프로세싱 언어 심화 학습하기

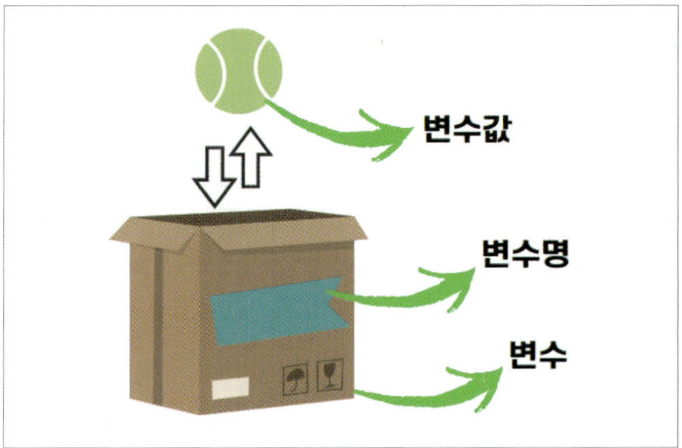

변수와 함수 이해 (출처: 저자)

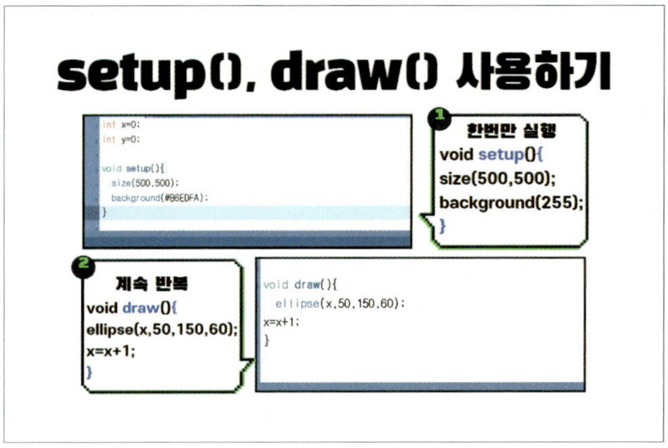

setup(), draw() 함수 사용 (출처: 프로세싱, 저자)

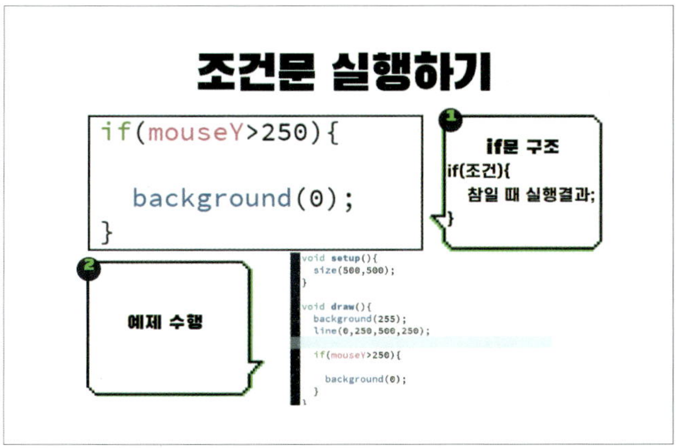

조건문 사용 (출처: 프로세싱, 저자)

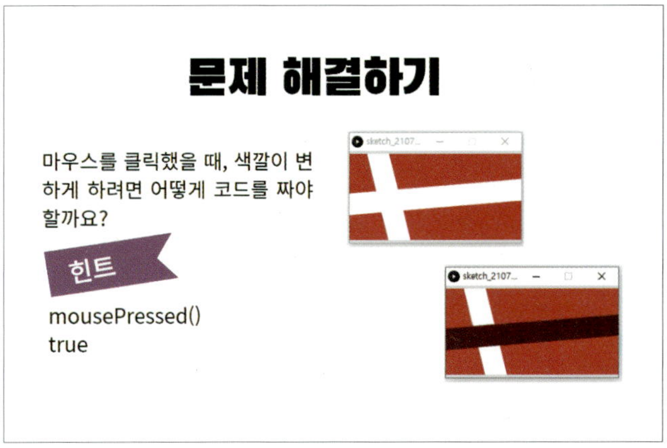

문제해결 (출처: 프로세싱, 저자)

① 변수와 함수 이해

- '변수'를 컴퓨터 메모리에 존재하는 공간이라고 한다면, '변수명'은 변수를 찾기 쉽게 만들기 위해 이름을 붙인 것을 말한다. '변수값'은 변수가 가진 값을 말하며, '선언'은 변수라는 박스를 조립하여 라벨을 붙인다고 비유할 수 있다. '할당'은 변수 박스에 내용물을 넣는 것으로 생각하면 이해하기 쉽다.
- 변수는 문자 데이터인 char, 정수 int, 실수 float, 그리고 참과 거짓을 뜻하는 boolean 으로 구분된다.

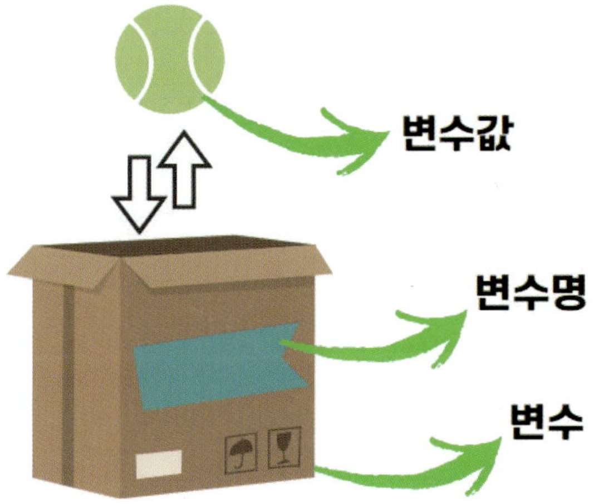

✅ 프로세싱에서 변수를 사용해봅시다.

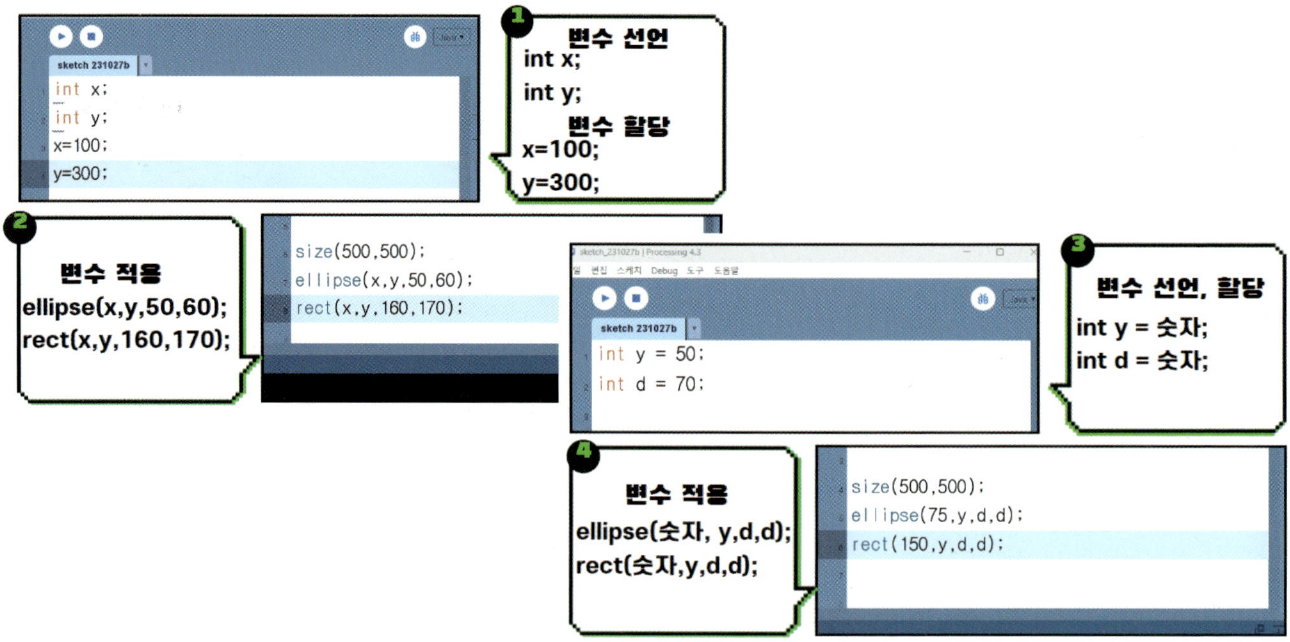

변수 사용해서 숫자 바꾸기

```
size(500,500);
ellipse(350,250,150,60);
rect(100,180,160,170);
```

→

```
int x = 250;
int y = 250;
size(500,500);
ellipse(x+100,y,150,60);
rect(x-150,x-70,160,170);
```

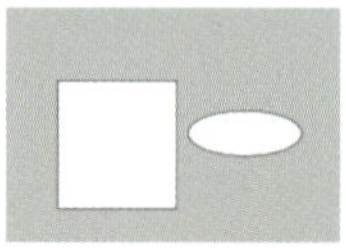

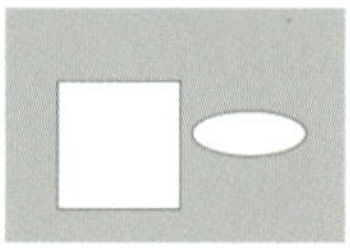

- '함수'란 어떤 값을 연산했을 때 어떤 값이 나올지를 예상할 수 있는 것이다. 예를 들어, 밀가루를 빵 만드는 기계에 넣는다면 빵이 나올 것을 예상할 수 있다. 여기에서 밀가루는 입력값, 빵 만드는 기계는 함수, 빵은 결괏값을 의미한다.
- 지금까지 배웠던 **ellipse( ), rect( ), circle( ), ellipse( )** 등 모든 것이 함수이다.

② setup(), draw() 함수 사용

- **setup( )**과 **draw( )** 함수는 프로세싱에서 도형을 움직이게 하는 방법이다. **setup( ){ }** 부분에는 한 번만 실행하는 코드를 넣어주고, **draw( ){ }** 부분에는 계속 반복하는 코드를 넣어주면 된다.

프로세싱에서 setup()과 draw() 함수를 사용해봅시다.

```
int x=0;
int y=0;

void setup(){
  size(500,500);
  background(#B6EDFA);
}
```

❶ 한번만 실행

```
void setup(){
size(500,500);
background(255);
}
```

❷ 계속 반복

```
void draw(){
ellipse(x,50,150,60);
x=x+1;
}
```

```
void draw(){
  ellipse(x,50,150,60);
x=x+1;
}
```

프로세싱에서 setup()과 draw() 함수를 자유롭게 추가해봅시다.

sketch 231027b

```
int y=250;

void setup(){
  size(500,500);
}

void draw(){
  background(#B6EDFA);
  ellipse(y,y,150,60);
  rect(y,y,80,80);
y=y+1;
}
```

❸ 조건문 사용

- 기본적으로 if문은 조건식의 결과가 참(true)이면 주어진 명령문을 실행하며, 거짓(false)이면 아무것도 실행하지 않는다.
- 프로세싱에서는 조건문에서 사용하는 관계 연산자가 있다.

- > 크다
- < 작다
- >= 크거나 같다
- <= 작거나 같다
- == 같다
- && 그리고(and)
- != 다르다
- || 혹은(or)

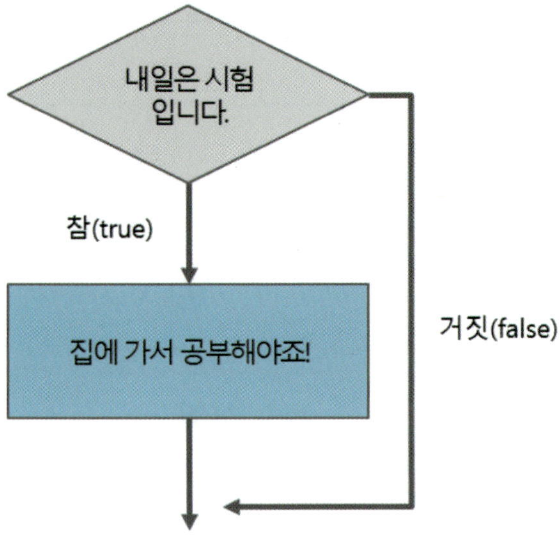

- 프로세싱 조건문의 예시는 다음과 같다.
  - 5 > 15 ➡ 거짓
  - 10 > 2 ➡ 참
  - x < 0 ➡ 변수 x의 현재 값에 따라 참, 거짓이 결정됨
  - mouseY > 250 ➡ 변수 mouseY의 현재 값에 따라 참, 거짓이 결정됨

✅ 프로세싱에서 조건문을 사용해봅시다.

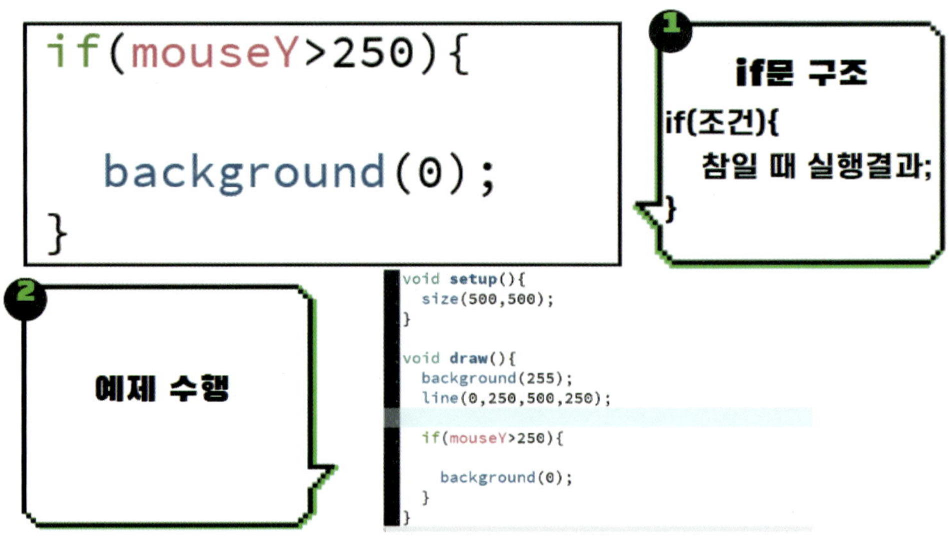

✅ 관계 연산자를 사용해서 프로세싱에서 조건문을 자유롭게 실행해봅시다.

4 문제해결

• 이제까지 배운 프로세싱 지식을 활용하여 문제를 해결한다.

프로세싱으로 문제를 해결해봅시다.

문제 1

오른쪽 그림과 똑같이 그리려면 코드를 어떻게 짜야할까요?

문제 2

오른쪽 그림과 똑같이 그리려면 코드를 어떻게 짜야할까요?

* 정답 코드는 부록 참고

삼 천년을 산 사만이 이야기 속 피싱 공격 매칭하기

목적이 다르다 하더라도 사만이의 명부를 고쳐 염라대왕을 속였던 저승사자들의 행위는 사실상 사기 행위로 여겨지기 때문에 이를 통해 우리는 현대 사회의 피싱을 떠올릴 수 있다. 저승사자들이 행한 피싱은 염라대왕이라는 커다란 고래를 낚은 웨일링으로 볼 수 있지 않을까?

삼 천년을 산 사만이 이야기와 피싱 공격 매칭 (출처: 제주 이야기로 만나는 정보보안 인문학)

1 삼 천년을 산 사만이 이야기와 피싱 공격 매칭

- 삼 천년을 산 사만이 이야기에서 피싱 공격의 어떤 요소가 연관되는지 찾아보고 발표한다.

삼 천년을 산 사만이 이야기에서 피싱 공격의 어떤 요소가 연관되나요? 연관되는 내용을 적어보고 발표해봅시다.

피싱 예방과 관련된 진로 탐색하기

프로세싱으로 피싱 예방 포스터 제작 (출처: 금융감독원, 경찰청)

나의 적성과 연관된 직업 탐색 (출처: 농협대전지역본부)

1 프로세싱으로 피싱 예방 포스터 제작

- 지금까지 배운 프로세싱 지식을 사용해서 간단하게 피싱 예방 포스터를 제작해본다.
- 프로세싱에서는 한글을 아직 완벽하게 지원하지 않으므로 한글로 적으면 글자가 깨질 가능성이 있다. 가능하면 영어로 글자를 적는 것이 좋다.
- 글자를 적을 때는 다음과 같은 함수를 활용하면 된다.
- 글자를 적는 함수: **text(" 적고 싶은 글자 " , x,y);**

• 글자 크기 정하는 함수: **textSize(크기);**

Tip! **text(" 적고 싶은 글자 " , x,y);** 윗줄에서 사용

• 글자 색깔 정하는 함수: **fill(색상선택);**

Tip! **text(" 적고 싶은 글자 " , x,y);** 윗줄에서 사용

• 포스터 예시

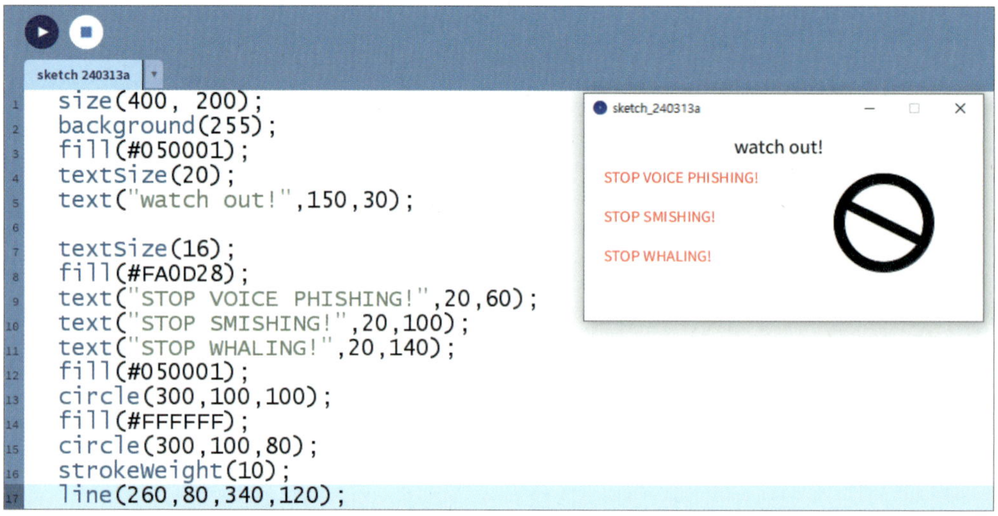

프로세싱으로 자유롭게 피싱 예방 포스터를 만들어봅시다.

2 나의 적성과 연관된 직업 탐색

• 다양한 직업 중 나의 적성에 맞을 것 같은 피싱 예방 관련 직업을 찾아보고 그 이유를 생각해본다.

나의 적성에 잘 맞는 것 같은 피싱 예방 관련 직업은 무엇인지, 그 일은 무슨 일을 하는지 자세히 적어봅시다.

직업 이름	하는 일

이 직업을 선택한 이유는 무엇이고 나는 이 직업에서 어떤 일을 잘할 수 있을지 적어봅시다.

이 직업을 선택한 이유	
이 직업을 하면서 내가 잘할 수 있는 일	

04

김통정과 김방경 장군 이야기 속 안티 포렌식 기술

수업 정보

이런 것들이 필요해요	스마트폰 / 태블릿 PC / 노트북			
학교 수업과는 이렇게 연결돼요	학년(군)	교과	성취기준	
	5–6학년	국어	[6국02–02]	글의 구조를 고려하여 글 전체의 내용을 요약한다.
	5–6학년	실과	[6실04–08]	절차적 사고에 의한 문제 해결의 순서를 생각하고 적용한다.

활동 내용 미리보기

- 김통정과 김방경 장군 이야기 파헤치기
  - 김통정과 김방경 장군 이야기를 읽고 내용 파악하기
  - 김통정과 김방경 장군 이야기의 등장인물을 설명하고 줄거리 요약하기

- 안티 포렌식을 통한 증거 인멸과 증거 은폐의 원리 알아보기
  - 포렌식 및 안티 포렌식 개념과 어원 학습하기
  - 증거 인멸(와이핑, 디가우싱 등)과 증거 은폐(스테가노그래피 등)의 원리 학습하기

- 프로세싱으로 스테가노그래피 비밀편지 만들기
  - 스테가노그래피를 쉽게 설명한 온라인 영상 찾아보기
  - 친구에게 비밀로 전하고 싶은 내용을 생각하고 공책에 적어두기
  - 프로세싱으로 mousePressed, mouseX, Y, 조건문을 사용하여 비밀편지 만들기

- 활동을 통해 안티 포렌식 제대로 학습하기
  - 미로찾기 활동을 통해 디가우싱 이해하기
  - 디지털 풋 프린트 삭제 활동을 통해 증거 인멸 이해하기
  - 카이사르 암호 만들기 활동을 통해 증거 은폐 이해하기

- 김통정과 김방경 장군 이야기 속 안티 포렌식 기술 매칭하기
  - 김통정과 김방경 장군 이야기와 안티 포렌식 기술이 어떤 연관이 있는지 찾아 발표하기

- 포렌식 기술과 관련된 진로 탐색하기
  - 학습한 기술을 되짚어보고 어떤 진로가 있는지 탐색하기
  - 나의 흥미, 적성과 연관이 있는 포렌식 기술 관련 직업이 무엇인지 찾아 발표하기

활동 예시

김통정과 김방경 장군 이야기 독서

온 · 오프라인 비밀편지 작성

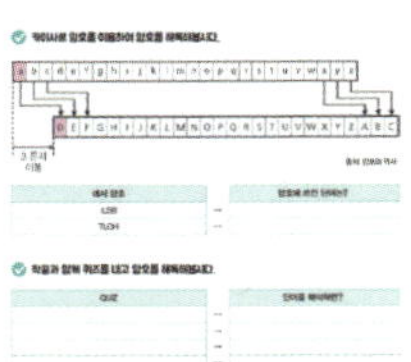
카이사르 암호 활동

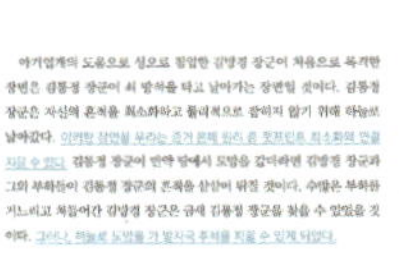
이야기와 기술 매칭

나의 미래와 연결

04 김통정과 김방경 장군 이야기 속 안티 포렌식 기술

김통정과 김방경 장군 이야기 파헤치기

주었다. 김방경 장군은 이 말을 허투루 듣지 않고 철문을 녹인 결과, 성문이 무너져 성안으로 군대를 끌고 들어갈 수 있게 되었다. 군대를 거느리고 들어온 김방경 장군을 발견한 김통정 장군은 쇠 방석을 바다로 던지고 날아서 도망갔다.

김통정과 김방경 장군 이야기 독서 (출처: 제주 이야기로 만나는 정보보안 인문학)

김통정과 김방경 스토리텔링 (출처: 허그맘)

1 김통정과 김방경 장군 이야기

- 김통정과 김방경 장군 이야기를 통해 삼별초 대장 김통정 장군과 고려 장수 김방경 장군의 신비한 대결 이야기를 읽으면서 문해력을 키울 수 있는 활동이다.

Chapter

6

김통정과 김방경 장군의 대결

김통정 장군 소탕 작전: 안티 포렌식

삼별초의 대장 김통정 장군과 고려 장수 김방경 장군의 신비한 대결에서 나타나는 안티 포렌식

명주실이 웬 지렁이 허리에 묶여있던 것이다. 매일 밤 집에 와서 자고 가던 남자는 사실 지렁이였다. 시간이 지나고 과부는 아기를 낳게 되었다. 아기를 낳았는데, 아기의 모습이 범상치 않았다.

"아기가 반짝반짝 빛이 나요!" 아기 해산을 돕던 산파가 말했다.

아기는 온몸에 비늘이 돋아 있고 겨드랑이에는 날개가 달려있었다.

"이 아이는 필시 대단한 일을 하게 될 거야." 과부는 읊조리듯 말했다.

김통정과 김방경 장군 이야기 읽기 (출처: 제주 이야기로 만나는 정보보안 인문학)

2 김통정과 김방경 스토리텔링

- 김통정과 김방경 장군 이야기를 읽어보고 이야기의 줄거리를 요약해보는 과정이다.
- 친구에게 이야기의 등장인물과 사건, 지식, 정보를 요약해서 설명하는 과정을 통해 학생들은 상대방과 교감하고 상호작용하는 방법을 익힐 수 있다.

김통정과 김방경 장군 이야기를 요약해보고 느낀 점을 적어봅시다.

줄거리	
느낀 점	

챗 GPT와 함께 포렌식과 안티 포렌식 기술 만나기

챗 GPT야 안녕! 이번에는 포렌식 기술이 궁금해! 나에게 포렌식 기술이 무엇인지 개념을 설명해줄 수 있어?

챗GPT

안녕하세요! 포렌식 기술에 대해 설명해드릴게요. 포렌식 기술은 범죄나 사건의 증거로 사용될 수 있는 디지털 데이터를 수집, 분석, 복구하는 과학적인 방법과 기술을 말해요. 주로 컴퓨터나 디지털 장치에서 데이터를 추출하고, 분석하여 범죄의 증거를 찾아내는 데 사용됩니다.

데이터를 추출하고, 분석하여 범죄의 증거를 찾아낸다고? 좀 어려운데…. 어떻게 증거를 찾아내는지 쉽게 설명해줘.

챗GPT

물론이죠! 간단히 설명하자면, 포렌식 기술은 다음과 같은 기법으로 증거를 찾아내요.

1. 데이터 수집

포렌식 전문가들은 디지털 장치에서 데이터를 수집합니다. 이는 컴퓨터의 하드 드라이브, 휴대전화, USB 드라이브 등에서 이루어질 수 있어요.

2. 데이터 분석

수집된 데이터를 분석해서 증거를 찾아내요. 여기에는 파일 복구, 삭제된 데이터 복구, 메타데이터 분석 등의 기술이 사용된답니다.

중요한 것은 수집된 증거가 법원에서 사용되기 위해서는 특정한 절차와 규정을 따라야 해요. 포렌식 전문가와 법조 전문가가 함께 수집된 증거가 증거로의 가치를 가지도록 보장하는 일도 필요하답니다.

데이터 분석 기법에 어려운 용어들이 많구나. 파일 복구, 삭제된 데이터 복구, 메타데이터 분석이 무엇인지 설명해줘.

챗GPT

물론이죠! 데이터 분석 기법 중 파일 복구, 삭제된 데이터 복구, 메타데이터 분석은 중요한 기술입니다. 각각을 간단히 설명해드릴게요.

1. 파일 복구

파일 복구는 컴퓨터에서 실수로 삭제한 파일을 되찾는 기술을 말해요. 일반적으로 파일을 삭제하면 운영체제는 해당 파일이 저장되어 있던 디스크 공간을 해제하게 되는데, 이때 파일이 실제로 삭제되는 것이 아니라 깊숙이 어딘가에 남아있을 수 있어요. 파일 복구 기술은 이러한 삭제된 파일의 흔적을 찾아내고, 파일을 되살려내는 기술이에요.

2. 삭제된 데이터 복구

삭제된 데이터 복구는 파일이나 폴더가 삭제된 후에도 실제로 디스크에 남아있는 데이터를 복구하는 기술을 의미해요. 파일이 삭제되면 해당 파일의 내용은 삭제되지만, 데이터는 여전히 디스크에 있을 수 있거든요. 삭제된 데이터 복구 기술은 이러한 삭제된 데이터의 흔적을 찾아내고, 복구하여 사용자에게 제공하는 유용한 기술이에요.

3. 메타데이터 분석

메타데이터는 파일이나 문서의 속성 정보를 포함하는 데이터입니다. 예를 들어, 파일의 생성일, 수정일, 작성자 정보 등이 메타데이터에 포함될 수 있어요. 메타데이터 분석은 이러한 메타데이터를 분석하여 파일의 출처, 수정 이력, 관련된 사용자 등을 파악하는 기술이에요. 메타데이터는 파일이나 문서의 특성을 이해하고, 해당 파일이나 문서의 사용자나 작성자를 식별하는 데 도움이 된답니다.

오호! 자세히 설명해줘서 고마워! 그런데 안티 포렌식이라는 기술도 있다던데, 그건 어떤 기술이야?

챗GPT

안티 포렌식 기술은 포렌식 수사나 데이터 분석을 피하거나 방해하는 기술을 말해요. 범죄자나 데이터 유출자들이 자신의 활동이나 정보가 추적되지 않도록 하는 데 사용됩니다.

아하, 포렌식 기술이 경찰들의 기술이라면 안티 포렌식은 범죄자들의 기술이구나?

챗GPT

그렇다고 볼 수 있어요. 포렌식 기술은 주로 경찰이나 수사 기관에서 사용되는 기술로 범죄 수사나 사건 해결에 활용되어요. 반면에 안티 포렌식 기술은 이러한 포렌식 기술을 피하거나 방해하기 위해 범죄자나 데이터 유출자들이 사용하는 기술입니다. 따라서 포렌식과 안티 포렌식은 서로 대립하는 개념으로 볼 수 있어요.

경찰이나 수사 기관은 포렌식 기술을 사용하여 범죄자의 디지털 활동을 추적하고, 증거를 수집하여 사건을 해결합니다. 반면에 범죄자들은 안티 포렌식 기술을 사용하여 자신의 활동이나 정보를 숨기거나 추적을 피하려고 합니다.

이러한 포렌식과 안티 포렌식 기술들은 디지털 환경에서 범죄와 수사가 이루어지는 과정에서 중요한 역할을 합니다. 따라서 포렌식 전문가들과 범죄자들 간의 기술 대결은 끊임없이 진화하고 있어요.

하지만 안티 포렌식이 꼭 나쁜 기술만은 아니지? 내 정보를 관리하는 것도 중요하잖아.

챗GPT

맞아요! 안티 포렌식 기술이 항상 나쁜 것은 아니에요. 개인이나 기업이 자신의 개인 정보나 비즈니스 정보를 보호하기 위해 사용하는 경우도 있어요. 안티 포렌식 기술은 개인의 개인 정보 보호에 도움을 줄 수 있답니다.

예를 들어, 개인이나 기업이 민감한 정보를 안전하게 보호하기 위해 파일을 암호화하거나 데이터를 삭제할 때 안티 포렌식 기술을 사용할 수 있어요. 또한 개인이나 기업이 온라인에서의 추적을 막기 위해 익명으로 인터넷을 사용하는 것도 안티 포렌식의 한 형태일 수 있죠.

그러나 범죄나 부정 행위를 위해 안티 포렌식 기술을 사용하는 경우에는 문제가 될 수 있어요. 범죄자나 해커가 자신의 활동을 숨기거나 추적을 피하기 위해 안티 포렌식 기술을 사용하는 경우, 이는 법 집행 기관이나 수사 기관의 수사를 방해하거나 범죄 수사를 어렵게 만들 수 있어요.

결국, 안티 포렌식 기술이 어떻게 사용되는지가 중요해요. 개인 정보 보호나 보안 목적으로 사용되는 경우에는 합법적이고 윤리적인 사용일 수 있지만, 범죄나 부정 행위를 위해 사용되는 경우에는 문제가 될 수 있는 것이죠. 따라서 안티 포렌식 기술을 사용할 때는 그 목적과 사용 방법을 신중하게 고려해야 한답니다.

내 정보를 보호하기 위해 할 수 있는 안티 포렌식 활동을 소개해줘.

챗GPT

당신의 정보를 보호하기 위해 할 수 있는 몇 가지 안티 포렌식 활동을 소개해 드릴게요.

1. 안전한 비밀번호 사용

온라인 계정을 만들 때 안전한 비밀번호를 사용하세요. 쉽게 추측할 수 없는 조합의 길고 복잡한 비밀번호를 선택하고, 다른 온라인 계정에 같은 비밀번호를 사용하지 마세요.

2. 개인 정보 보호

인터넷에서 개인 정보를 입력할 때 주의하세요. 이메일 주소, 전화번호, 주소와 같은 개인 정보를 요구하는 곳에서는 부모님과 상의한 후에만 입력하세요.

3. 안전한 브라우징

안전한 웹사이트를 방문하고, 익명성을 유지하기 위해 부적절한 사이트에 접속하지 마세요. 알 수 없는 링크를 클릭하거나 이메일의 첨부 파일을 열지 않도록 주의하세요.

4. 채팅과 메시징 주의

인터넷에서 다른 사람들과 채팅하거나 메시지를 주고 받을 때는 모르는 사람의 신원을 확인하고 개인 정보를 공유하지 마세요. 만약 모르는 사람으로부터 이상한 메시지를 받으면 부모님께 알리세요.

5. 게임 보안

온라인 게임을 할 때 개인 정보를 공유하지 않고, 온라인 상에서 다른 사람들과 어떤 정보도 교환하지 마세요.

6. 부모님과 상의

어떤 온라인 활동을 할 때는 부모님과 상의하세요. 부모님께서 안전한 온라인 활동에 대해 알려줄 수 있고, 도움을 줄 것입니다.

이러한 안티 포렌식 활동을 통해 초등학생도 자신의 정보를 안전하게 보호할 수 있어요. 부모님과 함께 안전한 온라인 활동에 대해 이야기하고, 온라인에서 안전한 방법을 학습하는 것이 중요하다는 것 잊지 마세요!

고마워, 나도 네가 알려준 방법들을 한 번 시도해볼게!

안티 포렌식을 통한 증거 인멸과 증거 은폐의 원리 알아보기

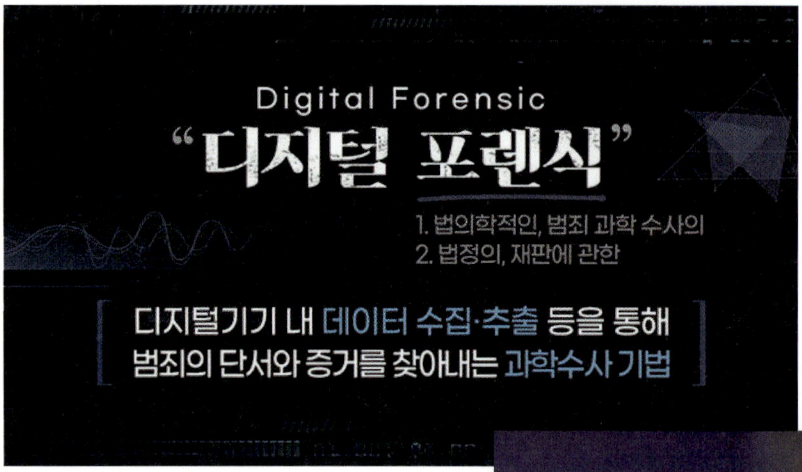

포렌식과 안티 포렌식 개념 학습
(출처: 삼성반도체이야기)

증거 인멸과 은폐 원리 학습 (출처: MBN)

1 포렌식과 안티 포렌식 개념 학습

- 포렌식 개념: 포렌식(Forensic)은 법정에서의 변론을 위한 과학적인 수단, 절차, 방법을 포괄적으로 뜻한다. 포렌식은 한국어로 '법의학' 또는 '법과학'이라는 용어로 번역되기도 한다.
- 포렌식의 유래: 포렌식은 라틴어로 포럼이나 공청회를 뜻하는 '포렌시스(Forensis)'에서 유래한 단어이다. 그리스 로마 시대에 광장에서 열리는 재판에 과학자가 자신의 의견을 제시해서 재판에 도움을 주었는데 여기에서 비롯되어 포렌식이 범죄 증거를 확정하기 위한 과학적 수사를 일컫는 용어로 사용되고 있다.
- 디지털 포렌식: 디지털 기술의 발달은 포렌식 영역에도 영향을 미쳤는데, 디지털 기기나 장비를 사용하여 자료를 수집하고 분석하여 법정 제출을 위한 증거자료로 제출하는 과정을 디지털 포렌식이라고 일컫는다.
- 안티 포렌식: 안티(Anti)는 어떤 단어 앞에 붙으면 그 단어의 반대라는 의미를 갖는다. 안티 포렌식은 포렌식을 하지 못하도록 근거가 될 만한 증거물을 훼손하거나 삭제하는 행위를 말한다.

② 증거 인멸과 은폐 원리 학습

증거 인멸	증거 은폐
• 와이핑(Wiping): 데이터를 복구할 수 없도록 원래 데이터 위에 반복적으로 다른 데이터를 덮어쓰는 행위 • 디가우싱(Degaussing): 디가우서라는 강력한 자기장을 내뿜는 박스 안에 하드디스크를 넣으면 철 성분이 있는 하드디스크의 저장공간이 망가져 데이터가 지워지게 되는 원리 [참고영상] 대법원 증거인멸 논란… '디가우징'이렇게 지운다 (출처: MBCNEWS)	• 스테가노그래피(Steganography): 겉보기에는 문제없지만 눈에 보이지 않는 비밀정보를 숨기는 기법 • 풋 프린트(Footprint) 최소화: 디지털 세상에 사용자가 남긴 사진, 영상, 댓글, 검색이력, 웹페이지 방문 기록 등의 기록을 디지털 풋프린트라고 한다. 익명 ID를 사용하거나 컴퓨터를 사용할 때마다 사용기록을 지우는 방법

프로세싱으로 스테가노그래피 비밀편지 만들기

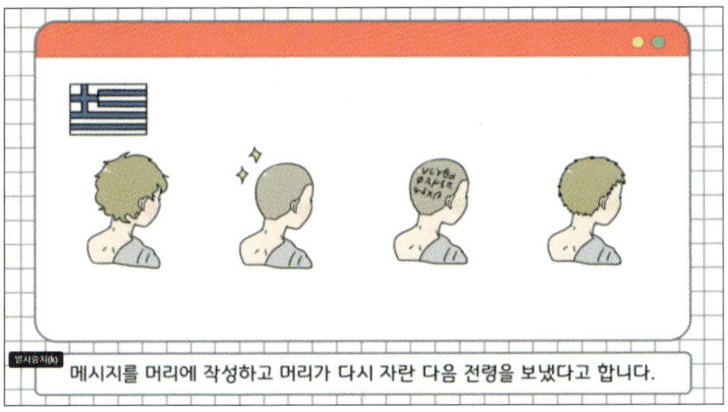

스테가노그래피 영상 학습 (출처: 창의인성교육넷크레존)

오프라인 비밀편지 작성
(출처: Freepik)

프로세싱 비밀편지 작성
(출처: Freepik)

① 스테가노그래피 영상 학습

• 최초의 스테가노그래피는 기원전 5세기경 그리스의 왕이 타국에 인질로 잡혀있는 양아들에게 메시지를 숨겨 전달했던 사례로 알려져 있다. 왕은 메시지를 전달하기 위해 노예의 머리를 깎아 전달할 말을 문신으로 새긴 뒤 머리가 자란 후 노예를 양아들이 있는 타국으로 보냈다고 한다. 양아들은 노예의 머리를 다시 깎아 메시지를 확인했다고 전해진다.

• 다음 영상을 통해 역사 속의 스테가노그래피를 쉽게 알아본다.

[크레존] 창의교육, 역사 속의 암호원리 학습
(출처: 창의인성교육넷크레존)

❷ 오프라인 비밀편지 작성

• 프로세싱으로 비밀편지를 만들기 전, 미리 친구에게 보낼 비밀편지를 작성해본다. 이 편지는 비밀번호로 숫자와 영어를 사용해서 만든다. (예 A1234)

✔ 프로세싱으로 만들 비밀편지의 비밀번호를 적어봅시다.

❸ 프로세싱 비밀편지 작성

• 프로세싱으로 만들 비밀편지는 가운데 문을 클릭하면 비밀번호가 보이게 만드는 것이 목적이다.

• 여기에는 `void setup( ){}`, `void draw( ){}`, `mousePressed`, `mouseX`, `mouseY` 함수와 조건문이 사용된다. 조건문 안에는 관계 연산자 &&가 사용된다.

• `mousePressed`, `mouseX`, `mouseY`의 사용법은 다음과 같다.

  • `mousePressed`: 마우스를 클릭한다면 어떤 일이 일어나게 하는 함수로, 주로 `if( )` 괄호 안에 조건으로 사용된다.

  • `mouseX`: 마우스 커서의 x좌표를 의미하는 것이다. `mouseX 〉 100` 은 마우스 커서의 x좌표가 100 보다 큰 상태를 말한다.

• **mouseY**: 마우스 커서의 y좌표를 의미하는 것이다. **mouseY** < 200 은 마우스 커서의 y좌표가 200 보다 작은 상태를 말한다.

위에서 제시한 함수와 조건문을 사용하여 프로세싱으로 비밀편지를 작성해봅시다.

문을 클릭하면 비밀번호가 보이도록 만들고 싶어요!
어떻게 코드를 짜면 될까요?

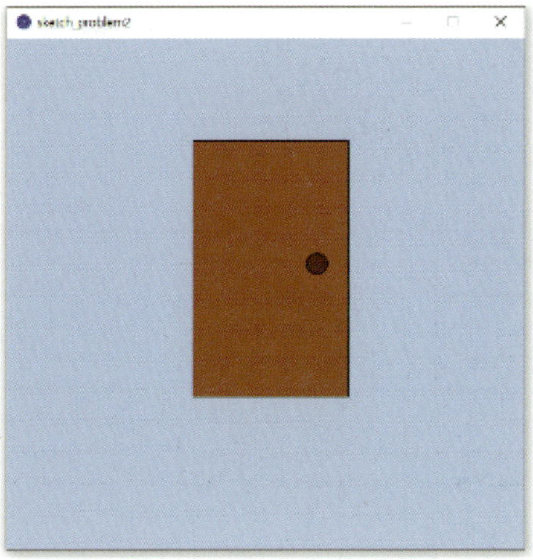

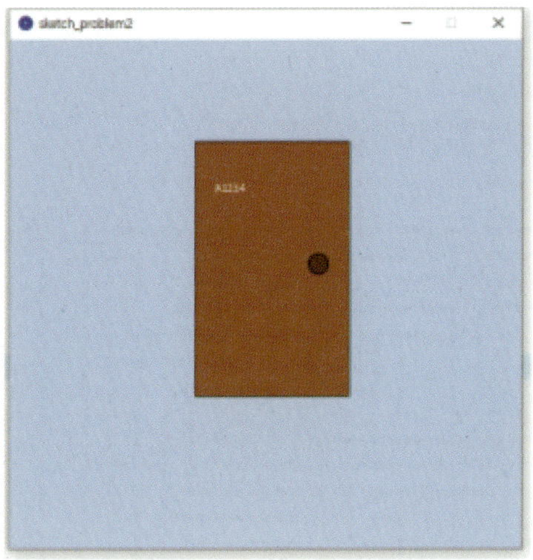

출처: 프로세싱, 저자

힌트

mousePressed()
&&

정답 코드는 부록 참고

활동을 통해 안티 포렌식 제대로 학습하기

미로찾기 활동
(출처: 제주대학교 창의교육거점센터)

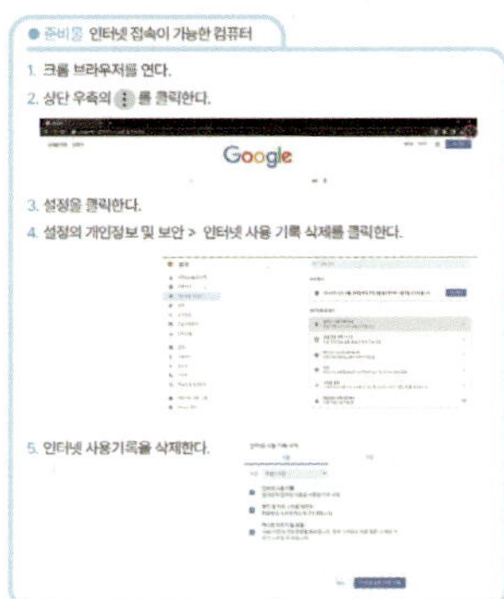

디지털 풋 프린트 활동
(출처: 제주 이야기로 만나는 정보보안 인문학)

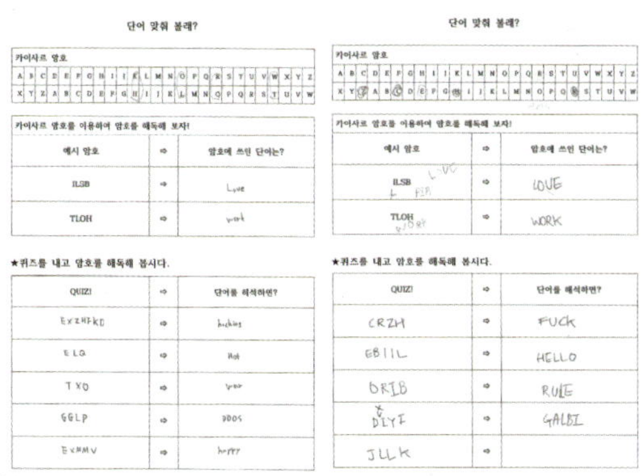

카이사르 암호 활동
(출처: 제주대학교 창의교육거점센터)

1 미로찾기 활동

- 학생들에게 디가우징의 방법을 이해하기 위해 미로찾기 활동을 안내한다.
- 미로찾기 활동 방법은 다음과 같다.
  1. 모둠별로 첫 번째 사람이 먼저 미로를 탐색하고 지우개로 탐색했던 길을 지운다. (연필로 연하게 그리기!)
  2. 두 번째 사람이 미로 찾기 활동을 통해 지우개로 흔적을 지운다.
  3. 마지막 사람이 미로 찾기 활동을 할 수 있는지 확인한다.

✓ 아래의 미로를 사용해서 활동해보세요.

✓ 첫 번째 사람이 지운 미로 탐색 길을 두 번째 사람이 알아내는 것은 어려운가요? 두 번째 사람이 지운 미로 탐색 길을 세 번째 사람이 알아내는 일은 더 어려운가요? 활동한 소감을 적어봅시다.

2 디지털 풋 프린트 활동

- 구글 검색 기록인 디지털 풋 프린트를 지워보면서 증거를 인멸하는 방법을 이해해본다.

아래 방법을 따라 디지털 풋 프린트 활동을 해봅시다.

① 크롬 브라우저를 연다.

② 상단 우측의 ⋮ 를 클릭한다.

출처: 크롬, 저자

③ 설정을 클릭한다.

④ 설정의 개인정보 및 보안 –> 인터넷 사용기록 삭제를 클릭한다.

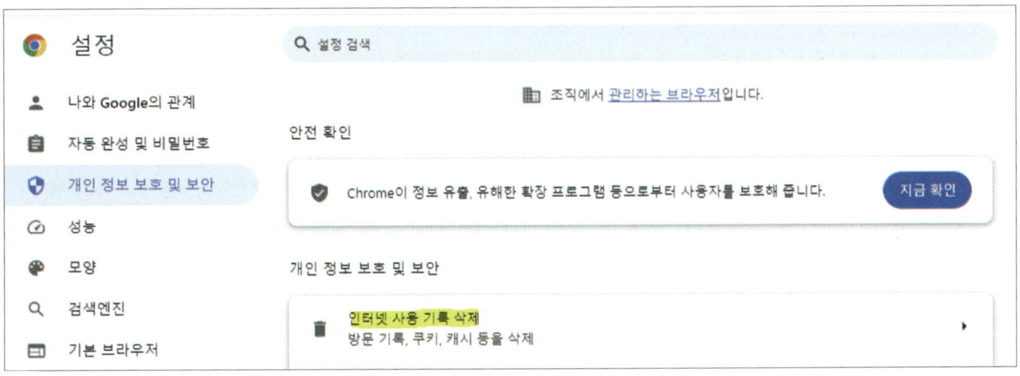

출처: 크롬, 저자

⑤ 인터넷 사용기록을 삭제한다.

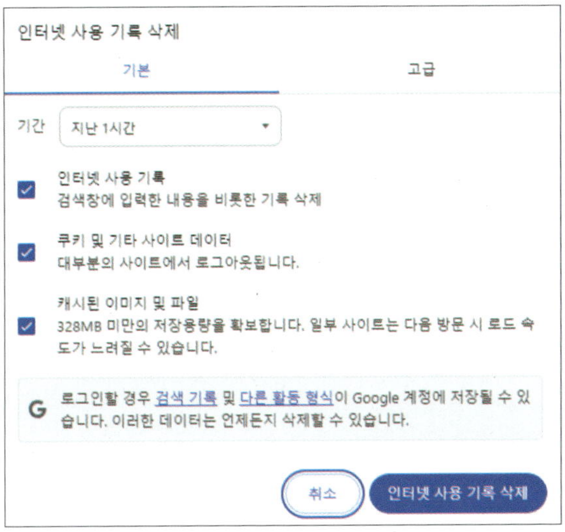

출처: 크롬, 저자

③ 카이사르 암호 활동

• 카이사르 암호는 글자를 일정한 간격으로 밀어서 만든 암호이다. 예를 들면, B는 세 칸 이동해서 E가 되고 C는 세 칸 이동해서 F가 된다. 세 칸 이동 규칙에 따라 ABPH는 DESK가 된다.

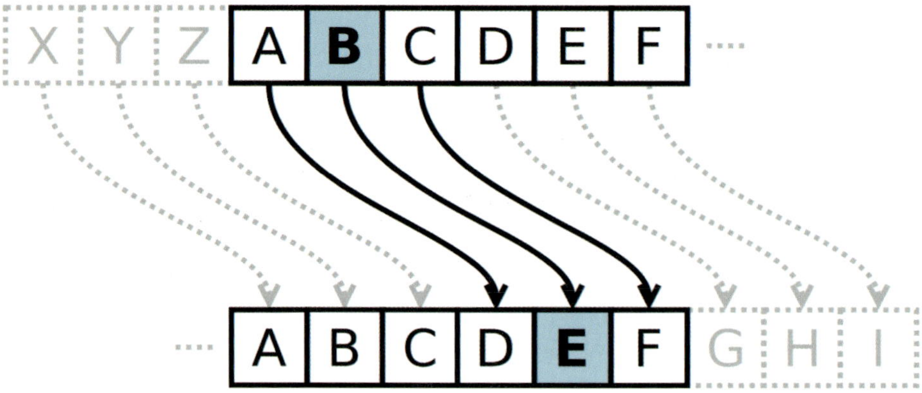

출처: adela.love

카이사르 암호를 이용하여 암호를 해독해봅시다.

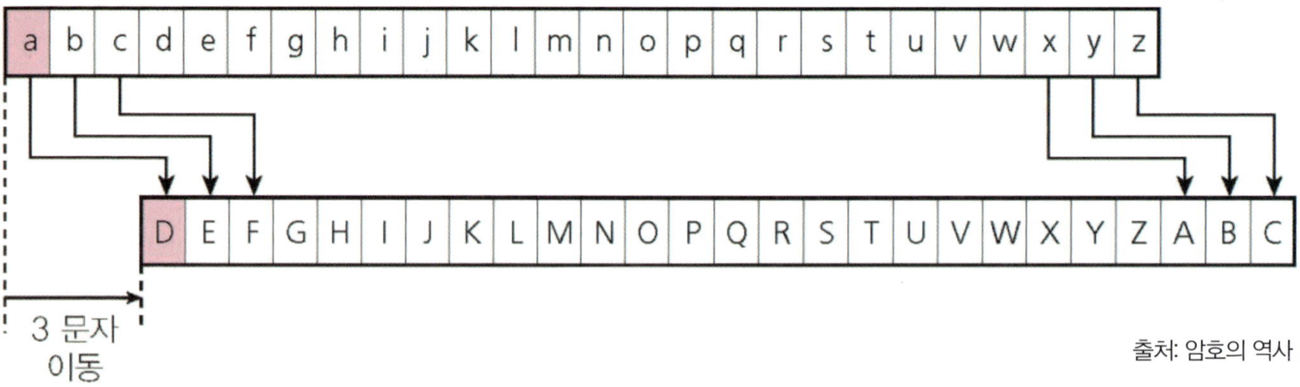

출처: 암호의 역사

예시 암호		암호에 쓰인 단어는?
ILSB	→	
TLOH	→	

짝꿍과 함께 퀴즈를 내고 암호를 해독해봅시다.

QUIZ		단어를 해석하면?
	→	
	→	
	→	
	→	

김통정과 김방경 장군 이야기 속 안티 포렌식 기술 매칭하기

아기업개의 도움으로 성으로 침입한 김방경 장군이 처음으로 목격한 장면은 김통정 장군이 쇠 방석을 타고 날아가는 장면일 것이다. 김통정 장군은 자신의 흔적을 최소화하고 물리적으로 잡히지 않기 위해 하늘로 날아갔다. 이러한 장면을 우리는 증거 은폐 원리 중 풋프린트 최소화와 연결지을 수 있다. 김통정 장군이 만약 땅에서 도망을 갔더라면 김방경 장군과 그의 부하들이 김통정 장군의 흔적을 샅샅이 뒤질 것이다. 수많은 부하를 거느리고 쳐들어간 김방경 장군은 금새 김통정 장군을 찾을 수 있었을 것이다. 그러나, 하늘로 도망을 가 발자국 추적을 피할 수 있게 되었다.

김통정 장군이 하늘로 올라가자 김방경 장군과 부하는 아기업개에게 묘안을 물어 새와 모기로 변하여 김통정 장군을 쫓아 날아갔다. 김통정 장군이 인식하기 어렵게 형태를 변형한 것은 데이터를 은닉하는 안티 포렌식 기술을 떠올릴 수 있다. 김방경 장군의 부하들은 자신들의 실제 형태를 숨겨 침입하는 것으로 보이지 않도록 모습을 변형하여 김통정 장군을 잠시 안심하게 하였다.

김통정과 김방경 장군 이야기와 안티 포렌식 기술 매칭 (출처: 제주 이야기로 만나는 정보보안 인문학)

1 김통정과 김방경 장군 이야기와 안티 포렌식 기술 매칭

• 김통정과 김방경 장군 이야기에서 안티 포렌식 기술의 어떤 요소가 연관되는지 찾아보고 발표한다.

✔ 김통정과 김방경 장군 이야기에서 안티 포렌식 기술의 어떤 요소가 연관되나요? 연관되는 내용을 적어보고 발표해봅시다.

포렌식 기술과 관련된 진로 탐색하기

포렌식 기술 관련 직업 탐색 (출처: 성균관대학교)

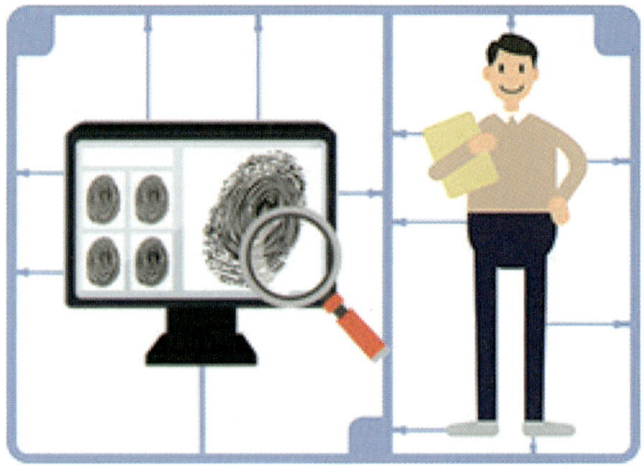

나의 적성과 연관된 직업 탐색 (출처: 진로정보망 커리어넷)

1 포렌식 기술 관련 직업 탐색

- 인터넷 검색을 통해 포렌식 기술과 관련된 직업을 찾아본다.

✔ 포렌식 기술과 관련된 직업은 무엇이 있고 무슨 일을 하는지 적어봅시다.

직업 이름	하는 일

② 나의 적성과 연관된 직업 탐색

• 다양한 직업 중 나의 적성에 맞을 것 같은 포렌식 기술 관련 직업을 찾아보고 그 이유를 생각해 본다.

✔ **나의 적성에 잘 맞는 것 같은 포렌식 기술 관련 직업은 무엇인지, 그 일은 무슨 일을 하는지 자세히 적어봅시다.**

직업 이름	하는 일

✔ **이 직업을 선택한 이유는 무엇이고 나는 이 직업에서 어떤 일을 잘할 수 있을지 적어봅시다.**

이 직업을 선택한 이유	
이 직업을 하면서 내가 잘할 수 있는 일	

05

돌연변이 한라봉 이야기 속 캡차 기술

수업 정보

이런 것들이 필요해요	아무것도 필요하지 않아요. 디지털 기기가 없다면, 앞 챕터 4개가 조금 어렵다면, 3, 4학년이라면, 글 쓰고 그림 그리는 게 좋은 친구들은 이 챕터를 먼저 학습하세요!			
학교 수업과는 이렇게 연결돼요	학년(군)	교과	성취기준	
	3-4학년	도덕	[4도03-02]	다문화 사회에서 다양성을 수용해야 하는 이유를 탐구하고, 올바른 의사결정 과정을 통해 다른 사람과 문화를 공정하게 대하는 태도를 지닌다.
	3-4학년	사회	[4사01-06]	옛날과 오늘날의 통신수단에 관한 자료를 바탕으로 하여 통신수단의 발달에 따른 생활 모습의 변화를 설명한다.

활동 내용 미리보기

- 돌연변이 한라봉 이야기 파헤치기
  - 돌연변이 한라봉 이야기를 읽고 내용 파악하기
  - 돌연변이 한라봉 이야기의 등장인물을 설명하고 줄거리 요약하기
- 튜링테스트와 캡차 기술 알아보기
  - 인공지능의 아버지 앨런 튜링과 튜링테스트 알아보기
  - 캡차 기술의 개념과 필요성 이해하기
- 캡차 기술의 유형 알아보기
  - 캡차 기술의 유형(텍스트, 오디오, 이미지) 탐색하기
- 언플러그드로 캡차 만들어보기
  - 텍스트 캡차 만들기
  - 이미지 캡차 만들기
- 돌연변이 한라봉 이야기 속 캡차 기술 매칭하기
  - 돌연변이 한라봉 이야기와 캡차 기술이 어떤 연관이 있는지 찾아 발표하기

활동 예시

돌연변이 한라봉 이야기 독서

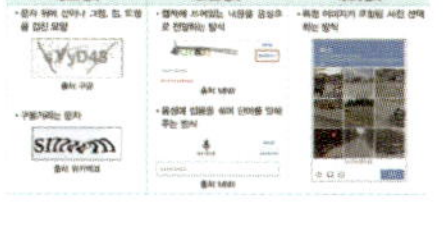

캡차 기술 유형 탐색

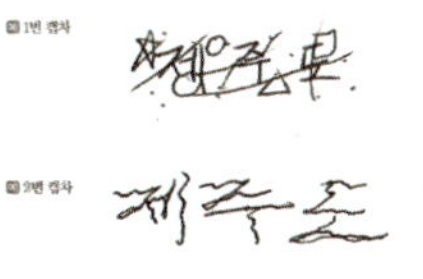

텍스트 캡차 제작

이미지 캡차 제작

봉봉이가 한라봉의 돌연변이라면, 캡차 기술에서는 사람들의 정상적인 움직임 중 기계의 움직임이 돌연변이라고 분류된다.

이야기와 기술 매칭

05 돌연변이 한라봉 이야기 속 캡차 기술

돌연변이 한라봉 이야기 파헤치기

이 나무는 다른 과일나무들과 떨어져서 홀로 자라나며 조금 외로웠지요. 그래서 태양을 친구삼아 더 자주 쳐다보며 홀로 자라는 시간을 견뎌냈어요. 홀로 있는 이 과일나무가 안타까웠는지 하늘에서 바라보던 태양도 이 나무에게 햇살을 가득 담아 사랑을 듬뿍 주었지요.

돌연변이 한라봉 이야기 독서

돌연변이 한라봉 스토리텔링 (출처: 허그맘)

- 돌연변이 한라봉 이야기를 통해 겉모습이 다르다고 놀림 받던 봉봉이가 마을을 대표하는 베스티가 된 이야기를 읽으면서 문해력을 키울 수 있는 활동이다.

그러다 얼마 후 베스티를 뽑는 bob! 대회가
한라봉 마을에도 열리게 되었어요.

모든 한라봉들이 제일 멋진 옷과 예쁜 얼굴로 단장하고 대회에

모두가 긴장한 가운데 당도 측정이 시작되었고 봉봉이의 순서가 되자 모두가 깜짝 놀랐어요.
다른 한라봉들에게 놀림받던 봉봉이의 당도가 그 누구보다 최고 높게 올라갔기 때문이에요.

돌연변이 한라봉 이야기 읽기

1 돌연변이 한라봉 스토리텔링

- 돌연변이 한라봉 이야기를 읽어보고 이야기의 줄거리를 요약해보는 과정이다.
- 친구에게 이야기의 등장인물과 사건, 지식, 정보를 요약해서 설명하는 과정을 통해 학생들은 상대방과 교감하고 상호작용하는 방법을 익힐 수 있다.

돌연변이 한라봉 이야기를 요약해보고 느낀 점을 적어봅시다.

줄거리	
느낀 점	

챗 GPT와 함께 캡차 기술 만나기

안녕, 챗 GPT야! 나는 초등학교 4학년이야. 캡차 기술이라는 것이 있다는데 설명해줄 수 있니?

챗GPT

안녕하세요! 캡차에 대해 간단히 설명해드릴게요. 캡차란 컴퓨터와 사람을 구분하는 테스트예요. 이를 통해 로봇이나 자동화된 프로그램을 막고, 인간의 신원을 확인할 수 있어요. 캡차라는 단어는 "Completely Automated Public Turing test to tell Computers and Humans Apart"의 약자랍니다.

컴퓨터와 사람을 구분하는 이유가 뭐야?

챗GPT

컴퓨터와 사람을 구분하는 이유는 주로 보안과 스팸 방지에 있어요. 여러분이 로그인하거나 어떤 온라인 작업을 할 때, 시스템은 여러분이 실제로 사람인지 확인해야 해요. 왜냐하면 로봇이나 자동화된 프로그램이 여러분의 대신에 온라인 작업을 할 수도 있기 때문이에요.

예를 들어, 로봇이 자동으로 여러 개의 계정을 만들어 스팸 메시지를 전송하거나, 온라인 상에서 비정상적인 활동을 할 수 있어요. 이런 경우에 캡차를 사용하면 사람과 컴퓨터를 구분할 수 있어요. 사람은 캡차를 통해 간단한 작업을 수행할 수 있지만, 컴퓨터는 그러지 못하기 때문이에요.

또한, 일부 웹사이트나 온라인 서비스에서는 보안 목적으로 캡차를 사용하기도 해요. 로그인할 때, 계정을 만들 때 등 중요한 작업을 할 때 캡차를 통해 사용자를 확인하고 보안을 강화할 수 있어요.

스팸? 스팸 메시지? 스팸이 뭐야?

챗GPT

스팸은 보통 여러분의 흥미나 요구와는 상관 없는 광고나 불필요한 정보를 가지고 있는 메시지를 가리킵니다. 이메일, 문자 메시지, 소셜 미디어 등 다양한 형태의 커뮤니케이션 수단을 통해 전송될 수 있어요.

예를 들어, 눈에 띄지 않는 광고, 의미 없는 메시지, 혹은 부적절하고 선전적이지 않은 콘텐츠가 스팸으로 간주될 수 있어요. 이러한 스팸 메시지들은 종종 대량으로 발송되며, 받는 사람들에게 불편함을 줄 수 있습니다.

스팸 메시지를 보내는 이유는 다양합니다. 일부는 상업적인 이유로 광고를 하거나 제품을 판매하려는 목적이며, 다른 경우에는 사기, 피싱, 악성 코드 전파 등의 나쁜 목적을 가지고 있을 수도 있어요.

따라서 스팸 메시지는 대부분의 사용자들이 원치 않는 메시지이며, 이를 방지하기 위해 여러 가지 방법이 개발되어 왔어요. 이 중 하나가 바로 캡차라는 기술인데요, 캡차는 로봇이 자동으로 메시지를 보내는 것을 방지하기 위해 사용되는 보안 기술 중 하나입니다.

나쁜 목적으로 보내는 메시지가 스팸 메시지구나? 설명 고마워! 그럼 사람인지 로봇인지 어떻게 구별할 수 있어?

챗GPT

사람인지 로봇인지 구별하기 위해 여러 가지 방법이 사용되는데, 캡차는 사람이 쉽게 해결할 수 있지만, 로봇이나 자동화된 프로그램은 해결하기 어려운 과제를 제시하죠. 몇 가지 일반적인 캡차 방법을 소개할게요.

1. 이미지 인식
캡차는 주로 이미지로 구성되어 있어요. 사진에 나타난 동물이나 글자를 보고 그것을 입력해야 해요.

2. 음성 인식
일부 캡차는 음성으로 제공될 수도 있어요. 들리는 소리를 듣고 그것을 입력하면 되죠.

3. 왜곡된 글자 입력
화면에 왜곡된 글자가 나타나요. 이것을 보고 정확히 입력하면 돼요.

이러한 방법들은 모두 사람이 쉽게 해결할 수 있지만, 로봇은 해결하기 어려운 과제들입니다. 따라서 캡차를 통해 사람과 로봇을 구별할 수 있는 것입니다.

요즘 컴퓨터 성능이 엄청 좋아졌잖아. 로봇들도 많이 발전했고. 그럼 캡차를 쉽게 뚫어버리는 로봇이 만들어지면 어떡해?

챗GPT

맞아요! 요즘 컴퓨터 성능이 많이 좋아지고, 로봇 기술도 발전했어요. 그래서 캡차 기술도 점점 더 정교하고 복잡하게 발전하고 있습니다. 만약 로봇이 기존의 캡차를 쉽게 뚫을 수 있게 된다면, 새로운 방식의 캡차가 도입되거나 다른 보안 기술이 사용될 수 있어요.

몇 가지 최신 보안 기술을 소개할게요.

1. 리캡차(reCAPTCHA)
구글에서 제공하는 리캡차는 더 발전된 캡차 시스템이에요. 보통 "나는 로봇이 아닙니다"라는 체크박스를 클릭하거나, 특정 이미지를 선택하는 방식으로 작동합니다. 리캡차는 사용자의 행동 패턴을 분석해서 사람과 로봇을 구별해요.

2. 비정상적인 행동 탐지
웹사이트는 사용자의 행동 패턴을 분석해서 비정상적인 행동을 탐지할 수 있어요. 예를 들어, 사람이 아니라 로봇이 웹페이지를 빠르게 스크롤하거나 클릭하는 것을 감지할 수 있습니다.

3. 생체 인식
얼굴 인식, 지문 인식, 음성 인식 같은 생체 인식 기술은 사람의 신원을 확인하는 데 사용할 수 있어요. 이 기술은 로봇이 흉내내기 어렵기 때문에 보안에 매우 효과적이에요.

4. 인공지능
웹사이트는 머신러닝 알고리즘을 사용해서 비정상적인 패턴을 인식하고 차단할 수 있어요. 인공지능은 다양한 데이터를 분석해서 사람과 로봇의 행동을 구별할 수 있어요.

이러한 새로운 보안 기술들은 로봇이 발전해도 사람과 로봇을 구별하는 데 도움이 됩니다. 보안 기술은 끊임없이 발전하고, 로봇이 캡차를 뚫으려는 시도가 계속될 때마다 더 강력한 보안 시스템이 개발될 것입니다.

다행이다! 뛰는 공격 기술 위에 나는 보안 기술이 있구나!

튜링테스트와 캡차 기술 알아보기

앨런 튜링과 튜링테스트 학습 (출처: 동아사이언스, 일러스트 이름)

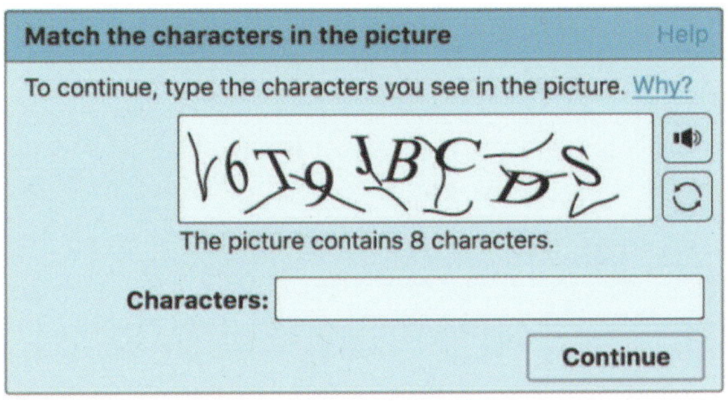

캡차 기술의 개념과 필요성 학습 (출처: cloudflare)

1 앨런 튜링과 튜링테스트 학습

- 앨런 튜링: 앨런 튜링(Alan Turing, 1912~1954)은 영국의 수학자이자 컴퓨터 과학자이다. 그는 정해진 규칙에 따라 움직이는 튜링 기계를 만들기도 했으며, 이것은 현대 컴퓨터의 근간이 되었다. 제2차 세계대전 당시에는 독일군 암호를 해독하는 암호해독기를 개발하여 많은 영국인의 목숨을 구하기도 했다. 영국 중앙은행은 그의 업적을 기려 2022년 영국의 50파운드 지폐의 새로운 얼굴로 앨런 튜링을 선정하기도 했다.

앨런 튜링(출처: Britannica)

- 튜링테스트: 튜링테스트는 1950년 앨런 튜링이 제안한 테스트로 기계가 얼마나 인간과 비슷한지를 알아보는 시험이다. 조사관은 컴퓨터와 채팅을 하고 이 대화상대가 사람인지 기계인지 판단한다. 조사관이 컴퓨터인지 사람인지 판단하지 못하면 해당 기계는 테스트에 통과하게 된다.

2 캡차 기술의 개념과 필요성 학습

- 캡차 기술: 캡차(CAPTCHA)는 Completely Automated Public Turing test to tell Computers and Humans Apart의 줄임말로 한국어로 번역하면 완전 자동화된 사람과 컴퓨터를 튜링테스트로 판별하는 기술이다. 웹사이트에 가입하고자 하는 주체가 로봇인지 사람인지 구별하기 위해 만들어진 테스트이다. 가장 자주 볼 수 있는 캡차는 구불구불한 모양의 문자를 정확히 입력하라는 테스트이다. 사람은 쉽게 이를 구분할 수 있으나 컴퓨터는 왜곡된 문자를 인식하는 일을 어려워하기 때문이다.
- 캡차의 필요성: 캡차를 통해 자동 로봇이 무분별하게 웹사이트를 해킹하여 설문조사 결과를 조작하거나, 자동으로 계정을 생성하여 수상한 게시물을 남기거나, 자동으로 쇼핑몰에서 엄청나게 많은 양의 물건을 구입하는 등의 행위를 막을 수 있다.

아래 그림을 보고 그림 속 문자를 정확히 적어봅시다.

캡차 그림	문자
 출처: Amazon	
 출처: Microsoft	
 출처: Baffle Text	
 출처: Yahoo	

캡차 기술의 유형 알아보기

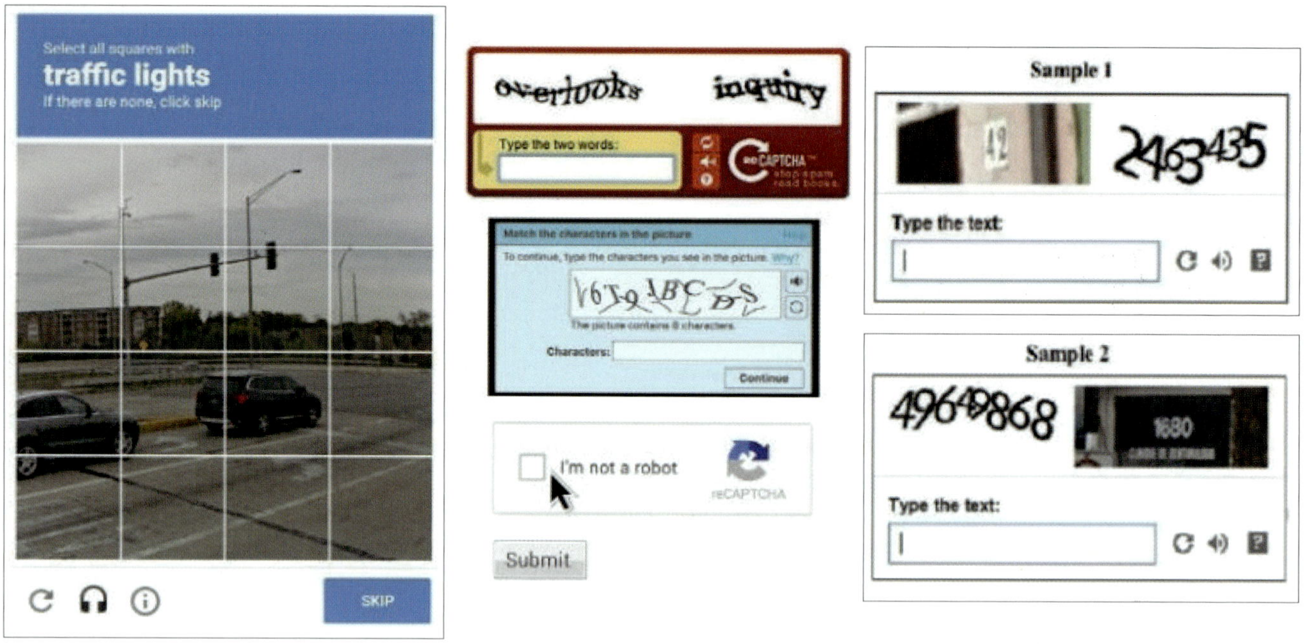

캡차 기술 유형 탐색 (출처: InformationAge)

1 캡차 기술 유형 탐색

- 캡차는 기본적으로 사람만이 풀 수 있는 문제를 내는 것이 중요하다.
- 캡차 기술은 다음과 같이 크게 텍스트, 오디오, 이미지로 만들어져있다.

텍스트 캡차	오디오 캡차	이미지 캡차
• 문자 위에 선이나 그림, 점, 도형을 겹친 모양  출처: 구글 • 구불거리는 문자 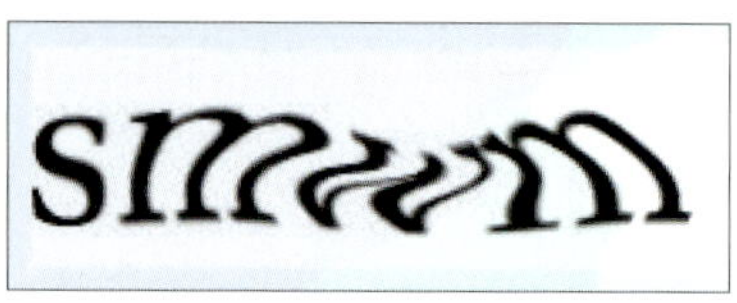 출처: 위키백과	• 캡차에 쓰여있는 내용을 음성으로 전달하는 방식  출처: MNIII • 음성에 잡음을 섞어 단어를 말해주는 방식  출처: MNIII	• 특정 이미지가 포함된 사진 선택하는 방식 

언플러그드로 캡차 만들어보기

텍스트 캡차 제작

이미지 캡차 제작

1 텍스트 캡차 제작

- 한글 단어를 생각해보고 글자 위에 선이나 그림, 점, 도형 중 하나를 선택하여 겹친 캡차와 구불거리는 글자로 만든 캡차를 2개 만들어보고 짝꿍에게 캡차의 내용을 맞힐 수 있게 퀴즈를 낸다.

예 1번 캡차

예 2번 캡차

아래 빈칸에 텍스트 캡차를 만들어봅시다. 그리고 만든 캡차를 짝꿍에게 보여주고 짝꿍이 문자의 내용을 적도록 해봅시다.

1	내가 만든 텍스트 캡차	
	짝꿍의 답변	
2	내가 만든 텍스트 캡차	
	짝꿍의 답변	

2 이미지 캡차 제작

• 짝꿍이 찾아낼 그림 속 물건을 생각해보고 한 그림 안에 그 물건이 부분적으로 포함된 타일을 구성한 캡차를 하나 만들고, 여러 그림 중 물건이 포함된 그림 몇 개가 있는 캡차를 만들어 짝꿍에게 캡차의 내용을 맞힐 수 있게 퀴즈를 낸다. 타일은 4×4로 총 16개로 만든다.

예 1번 캡차

예 2번 캡차

아래 빈칸에 이미지 캡차를 만들어봅시다. 그리고 만든 캡차를 짝꿍에게 보여주고 짝꿍이 이미지 캡차의 정답을 적도록 해봅시다.

1	내가 만든 이미지 캡차	
	짝꿍의 답변	

2	내가 만든 이미지 캡차	
	짝꿍의 답변	

돌연변이 한라봉 이야기 속 캡차 기술 매칭하기

봉봉이가 한라봉의 돌연변이라면, 캡차 기술에서는 사람들의 정상적인 움직임 중 기계의 움직임이 돌연변이라고 분류된다.

돌연변이 한라봉 이야기와 캡차 기술 매칭

1 돌연변이 한라봉 이야기와 캡차 기술 매칭

- 돌연변이 한라봉 이야기에서 캡차 기술의 어떤 요소가 연관되는지 찾아보고 발표한다.

돌연변이 한라봉 이야기에서 캡차 기술의 어떤 요소가 연관되나요? 연관되는 내용을 적어보고 발표해봅시다.

부록

문제 1 정답 코드

```
size(500,500);
background(255);
fill(#F56105);
rect(150,185,150,100);
fill(#FFFFFF);
circle(190,220,40);
fill(#0F0F0F);
circle(190,220,25);
fill(#FFFFFF);
circle(260,220,40);
fill(#0F0F0F);
circle(260,220,25);
fill(#F4F505);
rect(200,250,50,20);
fill(#F56105);
rect(205,285,40,10);
ellipse(225,365,110,150);
strokeWeight(10);
line(180,320,100,300);
strokeWeight(10);
line(270,320,350,300);
```

문제 2 정답 코드

```
size(500,500);
background(#F8FFAA);
fill(#0F0F0F);
rect(100,50,100,10);
rect(300,50,100,10);
circle(180,100,30);
circle(320,100,30);
fill(#E32412);
circle(250,200,50);
```

문제 3 정답 코드

```
void setup(){
size(500,500);
}

void draw(){
background(#B4CCEA);
fill(#A7510F);
rect(180,100,150,250);
fill(#64360A);
circle(300,220,20);

if(mousePressed&&(mouseX>
180&&mouseX<280&&mouseY>
100&&mouseY<350)){

  fill(#FFFFFF);
  text("A1234",200,150);
}


}
```

1 강림도령 이야기

제주의 저승사자, 강림도령

동경국에 버무왕에게는 아들 일곱 형제가 있었는데 위로 사 형제는 장성하여 장가를 갔지만 아래로 삼 형제는 아직 어려 장가가기엔 멀었고 늘 부모의 넘치는 사랑을 받으며 귀여움을 독차지하고 있었다.

"우리 아들들이지만 참으로 명석하기도 하고 귀엽기도 하구나." 버무왕과 아내는 얼굴로 삼 형제를 바라보며 흐뭇하게 미소지었다.

어느 날 삼 형제는 팽나무 그늘에서 장기를 두며 시간을 보내고 있었다. 이때 지나가던 스님이 삼 형제를 보더니 무시무시한 말을 하였다.

"저 삼 형제가 열다섯이 되면 죽는다는 그 삼 형제구나."

이 말을 들은 삼 형제는 깜짝 놀라 장기를 내팽개치고 집으로 돌아갔다.

"아버지, 어머니! 저희는 열다섯이 되면 죽게 되나요?" 삼 형제는 울며불며 방금 일어난 일의 자초지종을 설명했다.

버무왕은 하인들을 시켜 당장 그 말을 한 스님을 불러 잡아들였다.

"당신이 우리 아들들에게 열다섯까지밖에 못 산다고 했소? 무슨 근거로 그런 말을 하는 것이오?" 화가 난 얼굴로 버무왕은 스님에게 소리쳤다.

"위로 사형제는 복을 받아 잘 살겠으나 아래 삼 형제는 오래 살지 못할 것이라고 우리 절의 대사님이 그렇게 말씀하시고 돌아가셨습니다."

스님의 말을 들은 버무왕은 도가 튼 대사가 그렇게 이야기했다는 것을 듣고 스님의 말을 믿게 되었다. 그러자 버무왕은 한껏 부드러운 목소리로 애원하듯 스님에게 물었다. "그렇다면 우리 아들들이 오래 살 방법이 없겠소?"

"우리 법당에서 삼 년을 살고 공부를 하면 명이 길어질 것입니다."

버무왕과 아내는 아들들을 살리고 싶은 마음에 슬프지만 스님의 말을 따르기로 했다. 버무왕은 명주와 비단 아홉 필을 삼 형제에게 주고 머리를 박박 깎아 절로 보냈다. 삼 형제는 눈물을 흘리며 부모님께 작별 인사를 하였다.

그렇게 절에서 지내던 삼 형제는 삼 년째가 되자 부모 생각이 간절하였다. 약속한 삼 년도 되었겠다 삼 형제는 스님을 찾아가 이야기를 했다. "어느새 삼 년이 흘렀습니다. 이제는 부모님이 계신 집으로 돌아가겠습니다."

스님은 삼 형제를 보내면서 한 가지 당부를 하였다. "집에 가는 도중 과양땅을 조심해야 한다. 잘못하면 그동안의 삼 년이 물거품이 될 수 있다."

삼 형제는 스님에게 공손히 인사를 하고 동경국으로 향하였다. 고향으로 가는 발걸음은 그렇게 가벼울 수 없었다. 부모님이 뵙고 싶었던 아들들은 서둘러 집으로 가는 발걸음을 재촉했다. 그렇게 고향으로 가던 중 스님이 말했던 과양땅에 도착했다. 그런데 이상하게도 삼 형제 모두는 갑자기 걸을 힘이 없을 정도로 배가 고프기 시작했다. 뭐라도 얻어먹을 요량으로 눈앞에 보이는 집으로 들어갔다.

"너무나 배가 고파서 그러니 식은 밥이라도 좀 주세요." 삼 형제는 한 손으로는 배를 움켜쥐고 다른 손으로는 가지고 있던 명주실을 건네며 말했다.

삼 형제를 쫓아내려던 과양생이와 과양생이 부인은 명주를 보고는 눈이 휘둥그레져서 삼 형제를 집으로 들이고 진수성찬을 차려주었다. 과양생이 부인은 삼 형제에게 술을 권하며 대접했다. "술도 한잔하시고 잠시 쉬었다 가시지요."

먼 길을 서둘러 와 밥과 술을 먹은 삼 형제는 피로가 몰려왔고 깊은 잠에 빠져버렸다. 이들을 본 과양생이 부인은 이때다 싶어 삼 형제에게 끓는 참기름을 부어 죽여버렸다. 과양생이와 과양생이 부인은 삼 형제를 연못에 가서 던져버리고 삼 형제가 가지고 있던 비단과 명주들을 모두 챙겼다. 며칠 후 과양생이 부인은 연못에 가서 아무 일도 없는지 확인하였다. 연못에는 아주 탐스러운 꽃 세송이가 피어있었다. 과양생이 부인은 꽃을 똑똑 꺾어 와 집에 걸어두었다. 그런데 이 꽃들은 보기에는 예쁘나 과양생이 부인이 근처를 지나갈 때마다 과양생이 부인의 머리를 잡아당겼다. 꽃들이 괘씸했던 과양생이 부인은 꽃을 떼어내 화롯불에 던져버렸다. 조금 후 지나가던 마구할망이 불을 빌려달라고 과양생이 부인을 찾아왔다. 과양생이 부인은 화로를 가리키며 불을 가져가라고 하였다.

마구할망은 고개를 갸웃거리며 과양생이 부인을 다시 찾아왔다. "화로에 불은 없고 구슬 세 개만 있소."

구슬을 빼앗길까 두려웠던 과양생이 부인은 입에 넣어 숨기다가 그만 구슬을 삼켜버렸다. 구슬을 삼키고 얼마 뒤 과양생이 부인은 임신을 하였다. 그녀는 열 달이 지나고 아들 셋을 낳게 되었다.

자식이 없었던 과양생이와 부인은 기뻐했다. 시간이 흘러 아들 셋은 서당에 갈 수 있을 정도로 자랐다. 아들들은 너무나 영특하여 과거에 모두 장원급제하였다. 하지만 집에 돌아온 아들들은 영문을 알 수 없이 집에 오자마자 고꾸라져 죽어버렸다.

"아이고, 이게 어떻게 된 일이냐! 우리 아들들이 다 죽어버리다니!" 과양생이와 부인은 온 동네가 떠나가도록 통곡하며 슬퍼했다.

아들들이 죽고 난 뒤로 과양생이 부인은 김치원님에게 아들들이 죽은 이유를 밝혀내라며 하루에도 몇 번씩 관가에 찾아가 소동을 피웠다. 골머리를 앓던 김치원님은 부인에게 이 사실을 말했고 부인은 한 가지 꾀를 냈다.

"관원 중에 강림이 가장 똑똑하지 않아요? 앞으로 강림에게 매일 새벽 동이 트기 전 관가에 오라고 하세요. 그러면 분명히 하루는 지각할 테고 그날 그를 붙잡아 죽기 싫으면 염라대왕을 잡아 오라고 하지요. 도저히 죽은 원인을 밝혀낼 수 없으니 죽음을 관장하는 염라대왕에게 물어보면 이유를 알 수 있지 않겠어요?"

김치원님은 부인의 말이 일리가 있다고 생각하여 그렇게 행하였고 강림이 지각한 날 그를 붙잡아 염라대왕을 잡아 오라고 으름장을 놓았다. 강림은 염라대왕을 잡아 오기로 약속하고 그제야 풀려날 수 있었다. 김치원님은 염라대왕을 잡을 때 사용하라며 흰 종이에 검은 글씨로 쓴 징표를 주었다. 하지만 막상 관가를 나서니 저승에는 어떻게 가며 염라대왕을 어떻게 잡아 올 수 있을지 막막하기만 했다. 강림은 저승에 어떻게 가야 할지 몰라 고민되어 큰 부인이 사는 집으로 찾아가서 슬피 울며 말했다.

얘기를 듣고 난 부인은 강림에게 물었다. "저승 다녀오라고 원님이 무슨 표적이라도 주셨습니까?"

강림이 김치원님에게 받은 흰 종이에 검은 먹글씨가 쓰인 징표를 내놓자 부인은 관가로 가서 원님에게 받은 붉은 종이에 흰 글씨로 다시 써달라고 하라고 했다. 강림은 새로운 징표와 부인이 준 떡을 가지고 저승길로 떠났다. 가던 길에 부인이 준 떡을 나눠 먹으며 여러 사람의 도움으로 염라대왕을 만나 붙잡을 수 있었다. 염라대왕은 모레 꼭 관가에 가겠다며 강림의 저고리에 약속의 글을 써주고는 강림을 이승으로 돌려보냈다.

이승으로 가던 길에 행기물에 빠져 정신을 잃었던 강림은 꿈에서 깨어나 보니 이승에 도착해있었다. 강림은 관가에 가 염라대왕이 곧 올 것이라며 김치원님에게 이야기했다. 염라대왕이랑 같이 오지 않은 강림이 못 미더웠던 김치원님은 염라대왕이 올 때까지 강림을 옥에 가두었다. 염라대왕이 약속한 날이 되자 하늘이 깜깜해지고 정말 염라대왕이 관가에 나타났다. 김치원님은 염라대왕에게 자초지종을 설명하여 과양생이와 부인을 불러들이라고 했다. 염라대왕은 과양생이를 노려보며 문초를 시작했지만 과양생이가 끝까지 죄가 없다고 우기자 사람들에게 연못의 물을 퍼내보라고 했다. 연못 속에서 삼 형제의 뼈가 드러났다. 염라대왕이 뼈들을 모아놓고 나무 막대기로 세 번 치자 삼 형제가 다시 살아났다. 과양생이와 부인은 살아난 것이 자신의 아들들이라 생각하고 뛸 듯이 기뻐했다.

그러자 삼 형제는 과양생이를 보자마자 과양생이와 부인에게 달려들었다. "우리가 왜 당신들의 아들들이오! 당신들은 우리를 죽인 사람들이잖소! 모두 들어주세요! 과양생이와 저 부인이 우리를 죽여서 주천강 연못에 던졌습니다!"

염라대왕은 잔뜩 화가 난 버무왕 아들 삼 형제를 달래서 동경국으로 보냈다. 일을 해결한 염라대왕이 김치원님에게 강림을 달라고 요청했지만 거절당하자 강림을 나눠 갖자고 제안했다. 그래서 염라대왕은 강림의 혼을, 김치원님은 강림이의 몸을 갖기로 하였다. 염라대왕은 즉시 강림이의 혼을 빼내어 저승으로 데리고 가버렸다. 혼이 빠진 강림은 육신만 남아 연단 위에 우두커니 서 있었다.

김치원님은 강림에게 저승 이야기가 궁금하여 물었다. "그래, 저승은 어떻더냐? 이승에 사는 사람이 어떻게 그곳에 갈 수 있었던 것이냐?"

김치원님이 물어도 강림이 대답하지 않자 작대기를 들고 강림이를 툭 건드리니 강림은 그 자리에 쓰러져서 죽고 말았다. 이렇게 강림은 저승에 가서 염라대왕의 사자로 일을 하게 되었다. 강림은 어느 날 염라대왕이 삼천 년 동안이나 잡지 못한 동방삭을 잡아 왔다. 이를 본 염라대왕은 강림을 크게 칭찬하며 이승과 저승을 오가며 사람을 데려오는 인간 차사가 되라 명하였다.

2 힘센 장사 막산이 이야기

힘센 장사 막산이

옛날 중문면 무남밭 이좌수의 집에 막산이라는 종이 살았다. 그런데, 막산이가 어디서 태어났는지, 부모가 누구인지 아무도 몰랐다. 막산이는 거대한 몸에 부리부리한 눈을 하고 있었지만, 말없이 주인이 시키는 일을 잘했다.

"막산아, 오늘 내로 밭을 갈아 놓고 나무 좀 베어 놓거라."

"예. 나으리."

어느 가을날이었다. 이좌수의 넓은 밭에서 조를 추수하였는데, 그날 밤 빗방울이 뚝뚝 떨어지기 시작했다. 이좌수는 걱정이 되었다.

"여봐라, 막산아. 오늘 저녁에 비가 오면 추수한 조가 다 떨어질까 걱정이구나." 이좌수는 근심이 가득 찬 얼굴로 말했다.

"이미 다 가려놓았습니다." 막산이는 미소지으며 대답했다.

이좌수가 밭에 나가 보니 막산이가 말한 대로 조를 다 쌓아놓고 비를 맞지 않게 다 가려둔 것이었다. 이좌수는 매우 흡족했다.

이렇게 완벽한 막산이에게도 한 가지 단점이 있었다. 막산이는 큰 몸을 유지하기 위해 엄청나게 많은 음식을 먹어야 했다. 이좌수는 일을 잘하는 막산이를 계속 데리고 있고 싶었지만, 막산이의 엄청난 먹성을 감당하기란 쉬운 일이 아니었다. 어쩔 수 없이 이좌수는 창천리에 사는 강부자 집으로 막산이를 보냈다.

"막산아, 내 너를 끝까지 데리고 있고 싶었지만, 어쩔 수 없구나. 너를 잘 먹여 줄 강부자 집으로 가거라." 이좌수는 아쉬운 얼굴로 말했다.

강부자의 집에서도 막산이는 우직하게 자기 할 일을 다하며 종살이를 하고 있었다. 그 모습에 강부자도 기특하다고 생각했다. 어느 날 강부자는 산을 파서 논을 만들어 농사를 짓고 싶은 마음이 들었다. 강부자는 이 일을 하려면 일꾼 쉰 명은 족히 필요할 것이라고 생각했다.

"막산아, 내 이번에 저 산을 파서 논으로 만들어보려고 하는데, 일꾼 쉰 명을 좀 모아오너라." 강부자는 막산이를 불러 말했다.

"예, 나으리. 그러면 쉰 명의 점심을 준비해주십시오." 막산이는 별일 아니라는 듯 믿음직스럽게 말했다.

몇 시간이 흘러 강부자는 여종들과 함께 준비한 음식을 들고 산으로 올라갔다. 그런데, 쉰 명의 일꾼은 온데간데없고 막산이만 나무 그늘에서 자고 있는 것이 아닌가? 강부자는 화가 머리끝까지 났다.

화가 난 강부자는 막산이를 흔들어 깨웠다.

"막산이, 네 이놈! 다른 일꾼들은 다 어디 간 것이고, 또 너는 왜 여기서 자고 있는 것이냐?" 강부자는 막산이를 다그쳤다.

그러자, 막산이는 태연하게 말했다. "걱정 마십시오. 제가 알아서 할 터이니."

막산이가 그동안 한 번도 속이거나 거짓말을 한 적이 없었기 때문에 강부자는 화가 났지만, 막산이를 믿어보기로 했다. 강부자는 집으로 돌아와 논으로 만들고자 했던 산을 바라보았다. 그런데 이상했다.

날도 맑고 바람도 한 점 없는데, 그 산만 유독 뿌옇게 안개가 내려앉아 형태가 하나도 보이지 않았다. 고개를 갸웃거리던 그는 이내 집으로 들어왔다.

"막산이가 알아서 하겠지!"

다음 날이 되어 올라가 보니 산은 없고 산이 있던 자리가 모두 논으로 바뀌어 있었다. 강부자는 깜짝 놀라 막산이를 찾았다.

“막산아, 이게 어떻게 된 일이냐?” 강부자는 신기하다는 듯 논이 된 자리를 두리번거리며 말했다.

“제가 혼자 다 하였습니다.” 막산이는 미소지으며 말했다.

막산이가 다른 일꾼들을 부르지 않고, 쉰 명분의 음식도 모조리 다 먹고 나서, 혼자 산을 논으로 만든 것이다. 강부자는 막산이의 힘에 감탄을 금치 못했다. 하지만, 몇 해 동안 흉년이 들어 동네의 소문난 부자인 강부자도 식량이 부족하게 되었다. 그러자, 강부자는 많이 먹는 막산이를 더는 데리고 있기 어려워졌다. 강부자는 결국 막산이에게 노비 문서를 내주고 내보내기로 했다.

“막산아, 나도 이제 먹을 것을 걱정해야 하는 처지가 되었다. 너를 계속 우리 집에 두고 싶지만, 흉년이 계속되는 바람에 나도 이제 힘들구나.” 강부자는 미안한 표정으로 막산이에게 말했다.

그렇게 막산이는 두 번째 집에서도 쫓겨나게 되었다. 집에서 나와 막상 갈 곳이 없어 너무나 배가 고픈 막산이는 하는 수 없이 산으로 올라갔다. 그때 산에는 흉년 때문에 많은 도적이 도사리고 있었다.

“너는 누구냐! 누군데 우리 허락도 없이 산으로 오느냐?” 한 도적이 산을 오르는 막산이에게 달려들며 물었다.

“배가 고파 올라왔소. 당신들을 해칠 생각은 없소.” 막산이는 달려드는 도적 떼에게도 기죽지 않고 당당하게 말했다.

도적들은 산에 올라오는 막산이를 가로막고 달려들었으나 막산이가 꿈쩍도 하지 않자 도적 두목과 다른 도적들이 모두 막산이 앞에 꿇어앉았다. 이때부터 막산이는 도적들의 우두머리가 되었다.

도적 두목이 된 막산이는 부하들을 거느리고 제주와 대정 중간에 있는 으슥한 곳에 있는 큰 자연 동굴에 살면서 나라에서 기르는 소와 말을 잡아먹기도 하고 부잣집의 재물을 훔치면서 살게 되었다. 이 와중에도 막산이는 나름의 원칙을 정하고, 도적들을 다스렸다.

"첫째, 우리들의 목숨이 소중한 것처럼 다른 사람의 목숨도 소중하기 때문에 사람의 목숨을 빼앗지 말아야 한다. 둘째, 가난한 사람들의 재물을 빼앗으면 그들의 생명을 빼앗는 것이나 마찬가지이니 가난한 사람의 재물을 빼앗아서는 안 된다. 셋째, 흉년에 가난한 사람들을 돌보지 않는 부자들의 재물만 빼앗되, 더러는 남겨두어야 한다." 막산이는 짐짓 근엄한 표정으로 도적 부하들에게 선포했다.

"예, 대장님." 도적들은 대장 막산이에게 공손하게 대답했다.

얼마 지나지 않아 막산이와 도적 무리에게 큰 피해를 입은 부자들이 매일 관가에 찾아와 도적을 잡아달라고 아우성을 쳤다. 관가에서는 막산이네 도적 무리를 잡지 못해 큰 골칫거리가 되었다. 부자들의 사정에 고민하던 사또는 한 가지 좋은 수가 생각이 났다.

"여봐라, 가서 강부자를 불러오거라." 사또는 이방을 불러 말했다.

사또가 자신을 찾는다는 말을 들은 강부자는 무슨 일인가 하여 놀랍기도 하고 두렵기도 하였다.

"사또, 저를 어인 일로 찾으셨는지요?" 강부자는 자신을 부른 사또 앞에서 머리를 조아리며 말했다.

"네가 막산이의 옛 주인이라 들었다. 지금 막산이와 도적 떼가 부잣집을 털고 다니는데 잡지를 못하여 아주 골칫거리가 아닐 수 없다. 그러니, 네가 막산이를 만나 잘 구슬려 관가로 잡아 오거라."

강부자는 막산이가 도적이 되었다는 사실에 놀라면서도 한편으로는 자신이 잘못해서 끌려온 것이 아니라는 사실에 가슴을 쓸어내렸다. 강부자가 수소문하여 산에 있는 막산이를 찾아가자, 막산이는 자신에게 먹을 것을 주고 재워준 고마운 옛 주인이 왔다는 말에 만나지 않을 수 없었다.

막산이를 만난 강부자는 능청스럽게 말했다. "오랜만이네, 막산이. 지금 관가에서 오랑캐를 무찌르기 위해 군사를 모집하고 있는데, 자네같이 힘센 사람이 필요하다고 해서 내가 자네를 추천했네."

"정말입니까? 처음 듣는 일입니다만…." 막산이는 고개를 갸웃거리며 대답했다.

강부자는 그럴듯하게 막산이를 달래고 속여서 함께 산에서 내려갔다. 사실, 막산이는 뭔가 미심쩍다고 생각이 들어서 마음이 썩 내키지는 않았다. 하지만, 옛 주인과의 의리를 생각하여 강부자의 말을 믿고 따라갔다. 강부자와 막산이가 제주성에 이르러 사또가 있는 동헌으로 들어서자 기다리고 있던 포졸들이 막산이를 포박하였다.

"읍, 읍! 이게 무슨 일이오! 나를 왜 잡는 것이오!"

막산이는 허둥대며 포졸들을 뿌리치고자 했다. 그러나, 이미 막산이의 힘을 예상했던 사또는 힘 있고 무술 실력이 뛰어난 포졸들을 엄청나게 많이 대기시켜놓았고, 그렇게 막산이를 잡아들일 수 있었다.

"저 자를 당장 사형에 처하라!" 사또는 포졸들을 향해 소리쳤다.

그렇게, 옛 주인을 믿었던 막산이는 꼼짝없이 죽임을 당하고 말았다.

삼 천년을 산 사만이

옛날 주년국에는 사만이라는 거지가 살았다. 그는 집안이 가난한 데다 부모님까지 일찍 여위어 거지 생활을 했지만 행실이 착하여 마을 사람들에게 칭찬을 받았다.

"저렇게 착한 사만이를 누가 데려갈까?"

"글쎄 말이야. 그런데 어머니 아버지도 없고 구걸하며 사는 사람이라…. 저 혼자 혼사를 치르기는 어려울 것 같아."

마을 사람들은 사만이를 좋게 보고 장가를 보내주기로 마음먹었다.

"사만아, 너도 이제 색시를 얻을 때가 되었잖니. 우리가 조금씩 돈을 모았다. 이것으로 혼인할 때 보태쓰렴." 마을 사람들은 돈을 모아 사만이에게 건넸다.

"정말 감사해요. 여러분. 이 은혜 잊지 않을게요." 사만이는 울먹거리며 마을 사람들이 건네준 돈을 받았다.

사만이는 마을 사람들이 보태준 돈으로 열다섯에 장가를 들었다. 사만이가 결혼한 부인은 바느질 솜씨가 좋아 바느질품팔이로 끼니를 이어가며 살고 있었다. 사만이와 부인이 결혼한 지 몇 해 후, 자식이 하나둘 생겼다. 자식이 늘어날수록 바느질만으로는 살림이 어려워지기 시작했다.

사만이 부인은 참다못해 어느 날 머리카락을 싹둑 잘라 사만이에게 주며 말했다. "여보, 우리 자식들이 굶고 있어요. 이러다간 다 굶어 죽게 되었으니 이 머리카락을 팔아 장에 가서 쌀이라도 사 오셔요."

"알겠어요. 내 금방 다녀오리다."

사만이는 부인에게 미안하고 안타까운 마음이 들었지만 굶고 있는 자식들과 부인을 생각해서 어쩔 수 없이 머리카락을 팔기 위해 장에 나갔다. 사만이는 부인이 말한 대로 머리카락을 팔아 쌀을 사러 가고 있었다. 쌀을 사러 가던 도중 장 한구석에 사람들이 잔뜩 모여 웅성거리고 있는 것을 발견했다.

"다들 뭘 그렇게 보고 있는 것이오?" 사만이는 무리 중 한 사람에게 물었다.

"이게 소총이라는 것이오. 이것만 가지면 평생 먹고 살 수 있다고 하오."

사만이는 평생 먹고 살 수 있다는 말에 솔깃해져 소총을 파는 사람에게 물었다. "이 소총은 얼마면 살 수 있소?"

"석 냥 주시오." 소총 장사꾼이 말했다.

사만이는 부인의 머리카락을 판 돈으로 소총을 사서 집에 돌아왔다. 집에 돌아온 사만이를 본 부인은 실망하며 말했다. "쌀을 사 오라고 했더니 웬 부지깽이를 가지고 왔어요?"

"이게 소총이라는 건데 이것만 있으면 평생을 먹고 살 수 있다고 하지 뭐요. 그래서 사 왔어요. 내가 이걸로 사냥하러 가서 먹을 것을 많이 가져올 테니 걱정하지 말아요." 사만이는 의기양양하게 말했다.

사만이는 다음 날부터 매일 사냥에 나섰지만 아무리 헤매고 다녀도 노루 한 마리 잡기가 어려웠다. 그렇게 실망하며 산에서 내려가고 있는데, 발에 무언가가 툭 채였다. 사만이는 이를 무시하고 다시 산을 내려가려는데 또 무언가가 발에 채는 것이다.

"거참 성가시군." 사만이는 또 그냥 내려가려고 하였다. 그런데, 또 발에 무언가가 걸리는 것이다. 이제는 정말 지나칠 수가 없어서 허리를 굽혀 자꾸 발에 걸리는 것이 대체 무엇인지 확인해보았다.

"에구머니나! 이게 뭐야!" 사만이는 깜짝 놀라 넘어졌다. 사만이 발에 자꾸 걸리던 것은 백 년쯤은 되어 보이는 해골이었다. 사만이는 너무 놀라 그 자리를 당장 벗어나기 위해 산에서 내려가려고 했다. 하지만 또 그 해골이 발에 걸리고 말았다. 사만이는 이상하다는 생각에 해골을 들고 집으로 돌아왔다.

"어머나! 서방님, 이게 뭐예요?" 해골을 들고 집에 온 사만이를 본 부인은 깜짝 놀라며 사만이에게 말했다.

"오늘 산에서 내려오는데 자꾸 이게 발에 걸렸어요. 뭔가 영험한 해골인 것 같아요. 혹시 우리 조상의 뼈가 아닌가 생각이 들기도 하고요." 어리둥절한 부인을 보고 사만이가 말했다.

사만이는 해골을 방에 잘 두고 소중히 여겼다.

해골을 집에 잘 두고 사냥을 나간 사만이는 어쩐지 사냥이 잘 되기 시작했다. 한날은 노루 세 마리, 또 다음 날은 사슴 네 마리…. 사냥이 잘 되어 사만이의 집은 먹을 것이 넘쳐나게 되더니 금세 부자가 되었다.

"역시 보통 해골이 아니야." 사만이는 아무도 모르게 나지막이 말했다.

그러던 어느 날, 사만이 부부가 잠을 자고 있는데 꿈에 어떤 백발의 노인이 고팡에서 나왔다. 노인은 부부를 찬찬히 보더니 말했다. "사만아, 너의 수명은 사실 서른이다. 이제 곧 명이 다해서 저승사자가 너를 데리러 올 것이다. 모레 삼거리길에 음식을 푸짐하게 차려놓고 사만이 너의 이름을 써놓아라. 그리고 혹 누가 부르거든 첫 번째에도 답하지 말고, 두 번째에도 답하지 말고, 세 번째가 되었을 때 답해야 한다. 사만이 부인은 남편을 도와 상을 정성껏 차리거라."

사만이 부부는 잠에서 깨어 어안이 벙벙했다.

"아무래도 노인이 시키는 대로 하는 게 맞겠죠?" 사만이 부인이 사만이를 붙잡으며 말했다.

"아무래도 그게 좋겠어요. 사람 일은 모르는 것이니 말이에요." 사만이도 놀란 얼굴로 부인에게 답했다.

모레가 되자 사만이 부부는 삼거리 길에 정성껏 음식을 차렸다. 그리고 집에도 음식을 많이 차려놓았다. 얼마 지나지 않아 저승사자들이 정말 사만이를 잡으러 내려왔다. 이들은 삼거리를 지나게 되었다.

저승사자 중 한 명이 꼬르륵거리는 배를 움켜쥐며 말했다. "급하게 내려오느라 배가 고픈데, 뭐 먹을 것이 없을까?"

“엇! 저기 음식이 잘 차려 있네. 저기 가서 요기 좀 하고 갑시다.” 또 다른 저승사자가 음식이 잘 차려진 상을 가리키며 말했다.

세 저승사자는 배가 고파 음식을 허겁지겁 먹었다. 한참을 먹던 와중, 한 저승사자가 상에 붙어있던 글씨를 보았다.

“아이코, 이를 어쩌나! 우리가 데려가려는 사람이 사만이인데, 사만이가 차린 음식을 먹어버렸구나. 남의 음식을 공짜로 먹으면 뒤탈이 안 좋은데.”

저승사자들은 회의 끝에 자신들이 먹은 음식을 만든 사람이 본래 잡으러 온 사만이가 맞는지 이름을 불러보기로 했다.

첫 번째 저승사자가 먼저 사만이를 불렀다. “사만아!”
그러나 아무 대답이 없었다.

두 번째 저승사자가 다음으로 사만이를 불렀다. “사만아!”
이번에도 아무 대답이 없었다.

마지막으로 나머지 저승사자가 사만이를 불렀다. “사만아!”

“예, 제가 사만이입니다.” 사만이가 대답했다.

“정말 사만이가 맞군. 이왕 이렇게 된 일을 어쩔 수 없으니 확실히 확인해보게 집에나 가봅시다.” 한 저승사자가 제안했다.
세 명의 저승사자가 사만이 집에 갔더니 상다리가 휘어질 듯한 상이 펼쳐져 있었다. 저승사자들은 더욱 곤란해했다. 저승사자들은 사만이를 저승에 데려가지 못했다.

하지만, 죽어야 할 자를 데려오지 못했으니 큰일이었다. 저승사자들은 회의 끝에 한 가지 좋은 방법을 생각해냈다.

저승사자들은 염라대왕과 판관들이 인간 세계에 내려간 사이에 수명 책을 폈다. 수명 책에서 사만이의 이름을 찾았다. 이들은 눈을 딱 감고, 삼십의 열 십자(十) 위에다가 한 획을 쭉 그어 삼천(三千)으로 바꿔버렸다.

며칠 후 저승에 돌아온 염라대왕은 저승사자들이 사만이를 데려오지 않자 저승사자들을 불러 물었다. “사만이를 왜 잡아 오지 않았느냐?”

“명부를 보니 사만이의 명이 삼십 년이 아니라 삼천 년이었는데, 어찌 잡아 오라고 하셨습니까?” 저승사자들은 시치미를 뚝 떼며 이야기했다.

명부를 보니 정말 사만이의 수명이 삼 천년으로 기록되어 있었다. 이렇게 해서 사만이는 삼십 년이 아니라 삼천 년을 살게 되었다고 한다.

4 김통정과 김방경 장군 이야기

김통정과 김방경 장군

고려에 한 과부가 살고 있었다. 그런데 어느 날부터 이 과부의 배가 점점 불러오는 것이 아닌가? 동네 사람들은 그런 과부를 보고 쑥덕거렸다.

"아니 저 여자는 남편도 없는데 어찌 배가 저리 불러올꼬."

"그러게 말이에요. 다른 남자가 있는 것이 아닐까요?"

이 과부는 몹시 답답했다. 밤마다 누군지도 모르는 남자가 자꾸 몰래 집에 들어와 잠을 자고 떠나는 것이었다. 과부는 동네 사람들에게 이 사실을 털어놓았다. 그러자, 사람들은 이 남자를 알아낼 방법을 고민하기 시작했다.

"그 남자가 나타나면 바짓가랑이를 잡고 놓아 주지 마!"

"그래도 힘이 세서 도망갈 수 있잖아. 그러면 그 남자가 잘 때 몰래 옷에 명주실을 묶어 놓아봐. 날이 밝아 남자가 떠나도 명주실을 따라가면 그가 누군지 알게 될 수 있잖아." 한 사람이 묘안을 떠올렸다.

그날 밤 과부는 뜬눈으로 남자가 들어오기를 숨죽여 기다렸다. 쏟아지는 잠을 애써 참느라 눈을 껌뻑껌뻑하던 순간 '덜컥' 소리가 들렸다. 문이 열리고 그 남자가 들어왔다. 놀란 마음을 추스른 과부는 자는 체하며 남자가 잠이 들기를 기다렸다. 얼마의 시간이 흘렀을까. 남자는 뒤척임을 멈추고 푸, 푸 소리를 내며 잠이 들었다. 과부는 조심스럽게 명주실을 남자의 옷에 묶었다.

날이 밝으니 역시 남자는 자리에 없었다. 과부는 명주실을 따라 남자의 발자취를 좇아갔다. 명주실을 따라가던 과부는 그만 너무 놀라 자빠지고 말았다.

"어머, 저게 뭐야!" 놀란 과부가 소리쳤다.

명주실이 웬 지렁이 허리에 묶여있던 것이다. 매일 밤 집에 와서 자고 가던 남자는 사실 지렁이였다. 시간이 지나고 과부는 아기를 낳게 되었다. 아기를 낳았는데, 아기의 모습이 범상치 않았다.

"아기가 반짝반짝 빛이 나요!" 아기 해산을 돕던 산파가 말했다.
아기는 온몸에 비늘이 돋아 있고 겨드랑이에는 날개가 달려있었다.
"이 아이는 필시 대단한 일을 하게 될 거야." 과부는 읊조리듯 말했다.

과부는 지렁이(진)와 정을 통해 생긴 아기라 하여 진통정이라 이름을 지었다. 진통정은 무럭무럭 자라 활도 잘 쏘고 힘이 세졌다. 그런데, 늘 궁금증이 있었다.

"어머니, 아버지는 어디 계십니까?" 진통정은 어머니께 여러 번 물었다.

진통정은 힘이 세고 무도에도 뛰어났지만, 아버지가 없다고 매번 친구들에게 놀림을 받았기 때문이다.

진통정이 머리가 크고 어엿한 청년이 되자 과부는 아버지의 비밀을 말해주었다.
"진통정아 잘 들어라. 너의 아버지는 지렁이다."

자신의 출생 비밀을 알게 된 진통정은 화가 나 지렁이를 밟아 죽여버렸다. 지렁이를 죽인 후, 진통정의 꿈에 또 지렁이가 나타났다. 화가 난 진통정은 지렁이를 또 밟아 죽이려 했다.

그때 지렁이가 말했다. "네가 나를 죽이지 않았다면 이 천하를 얻을 수 있었을 텐데, 네가 나를 죽였으니 너와 나는 이걸로 인연이 다 한 것이다."

"아버지의 큰 뜻을 모르고…. 죄송합니다, 아버지." 진통정은 그제야 아버지께 불효를 저질렀다는 사실을 깨닫고 진심으로 용서를 구했다.

진통정은 활을 잘 쏘고 도술을 부릴 줄 알아 김씨 집안에서 그의 비범함을 탐내 김씨로 바꾸어 김통정이 되었다. 후에, 용맹함과 뛰어난 도술 실력으로 김통정은 삼별초의 우두머리가 되었다. 삼별초는 고려가 몽고의 속국이 되는 것을 반대하여 봉기한 고려의 무장 세력이다. 이들은 진도 지역에 거점을 정하고 몽고군을 격파하며 세력을 키워나갔다.

그러나 삼별초는 승승장구하던 시절이 지나고, 몽고군과 개경군에게 점차 함락당

해갔다. 진도에서 밀리던 삼별초는 제주에 새로운 거점을 정하였다. 그들은 성을 두르고 궁궐을 지어 해상왕국을 만들었다. 제주로 내려간 김통정과 삼별초 무리를 잡으러 김방경 장군이 해상왕국을 공격하였다.

다급해진 김통정 장군은 사람들을 성안으로 대피시켰다. "어서들 들어오시오! 김방경 장군이 군대를 거느리고 쳐들어오고 있소!"

김통정 장군이 너무 서두른 나머지, 아기업개 한 명을 성안으로 들이지 못하고 철문을 잠갔다. 아기업개는 울면서 통곡했다. "저도 들여보내 주세요! 이러다 꼼짝없이 저들에게 죽게 생겼어요!"

김방경 장군은 굳게 닫힌 문을 보며 성안으로 들어갈 방법을 고민하던 중, 철문 앞에서 울고 있는 아기업개를 발견했다. 그는 아기업개에게 물었다. "당신은 여기서 어인 일로 울고 있소?"

아기업개는 서운하고 억울한 마음을 담아 김방경 장군에게 말했다. "저도 성안으로 들여보내 달라고 애원했지만, 저만 빼고 굳게 문을 닫아버렸어요."

김방경 장군은 옳다구나 하고 아기업개에게 말했다. "아, 이 마을 사람이군. 그러면 이 성안으로 어떻게 들어갈 수 있는지 말해줄 수 있겠소?"

아기업개는 김방경 장군에게 열나흘 동안 철문을 녹이라고 전해주었다. 김방경 장군은 이 말을 허투루 듣지 않고 철문을 녹인 결과, 성문이 무너져 성안으로 군대를 끌고 들어갈 수 있게 되었다. 군대를 거느리고 들어온 김방경 장군을 발견한 김통정 장군은 쇠 방석을 바다로 던지고 날아서 도망갔다.

도술을 부리는 김통정 장군을 놓친 김방경 장군은 아기업개에게 김통정 장군을 잡을 또 다른 방책을 물었다. “김통정 장군이 술수를 부리는구나. 그를 어떻게 하면 잡을 수 있을꼬?”

아기업개는 잠시 생각하더니 방책을 내놓았다. “장수 하나는 새로 변하고, 다른 장수 하나는 모기로 변하면 잡을 수 있을 거예요.”

아기업개의 말을 들은 김방경 장군의 군사들은 새와 모기로 변해 쇠 방석을 타고 날아가는 김통정 장군을 좇아갔다. 갑자기 새와 모기가 따라와 심상치 않음을 느낀 김통정 장군은 목을 젖혀 뒤를 돌아보았다. 김통정 장군이 머리를 젖혀 뒤를 보는 순간 생긴 비늘 틈새로 모기로 변한 장수가 칼을 꺼내 김통정 장군의 목을 내리치고, 목이 다시 붙지 못하게 얼른 재를 뿌렸다.

김통정 장군은 죽어가며 “내 백성들일랑 좋은 물 마음껏 먹고 살아라.” 하며 군화를 신은 발로 꽝하고 바위를 찍자 샘물이 솟아 흘렀다.

김통정 장군을 죽인 김방경 장군은 곧 토성 안으로 달려들어 김통정 장군의 부인도 죽였는데, 부인의 배 속에 있던 매 아홉 마리가 떨어져 죽었다. 이때 부인이 죽어가면서 많은 피를 흘려 그 일대를 저셔 흙마저 붉게 물들었다. 그래서 그곳을 '붉은 오름'이라 부르게 되었다.

5 돌연변이 한라봉 이야기

돌연변이 한라봉

원채은 대전반석고등학교 청소년 융합예술가

옛날 아주 먼 옛날에 과일들끼리 옹기종기 모여 살고 있는 나라가 있었어요.
포도, 망고, 딸기, 귤 등 맛있는 과일들이 서로 모여 귀여운 마을을 이루어 살고 있었지요.

과일들이 살고 있는 마을에 가장 아름답고 맛있는 과일들을 '베스티'라고 불렀어요.
Best(베스트) Sweet(스위트)의 줄임말로 각 마을의 뽐내기 대회에 우승한 오직 하나의 과일만이 '베스티'라는 이름을 얻을 수 있었지요.
포도 마을, 망고 마을, 딸기 마을의 베스티들은 이미 너무 유명해져서 누구나 부러워하는 연예인과 같은 존재였답니다.

제주의 저 먼 남쪽에 자리한 한라봉 마을에도 동그랗고 귀여운 모양의 한라봉들이 모여 살고 있었어요. 그런데 한라봉 마을의 조금 외딴 곳에서 과일 나무 한 그루가 홀로 떨어져 자라고 있었어요. 이 나무는 다른 과일나무들과 떨어져서 홀로 자라나며 조금 외로웠지요. 그래서 태양을 친구삼아 더 자주 쳐다보며 홀로 자라는 시간을 견뎌냈어요. 홀로 있는 이 과일나무가 안타까웠는지 하늘에서 바라보던 태양도 이 나무에게 햇살을 가득 담아 사랑을 듬뿍 주었지요.

이렇게 홀로 지내던 과일나무가 마침내 무럭무럭 자라 한라봉을 닮은 열매들을 주렁주렁 맺었답니다.

그런데 정말 특별하게도 이 열매들은 모여 살고 있던 한라봉 마을의 한라봉들과는 달리 얼굴이 조금 더 붉은 빛을 띠고 있었어요. 그 열매들 중 한 친구의 이름이 바로 '봉봉이'었습니다.

봉봉이는 태양을 너무 좋아해서인지 태어나서부터 얼굴이 다른 한라봉 친구들보다 더 붉고 껍질은 단단했어요.

어느 날 봉봉이가 살던 마을을 여행 중이던 귤나라의 옴팡이가 우연히 빨간 얼굴의 봉봉이를 보고 깜짝 놀라서 이야기를 건냈어요.

" 너는 나랑 비슷하기도 하지만 달라! 내가 지금까지 만났던 한라봉들과는 너무나 다른 얼굴색을 가졌구나? 빨간 얼굴이 참 매력적이다! "

" 우리 가족은 전부다 빨간 얼굴을 가지고 있어" 봉봉이가 대답했어요.

"정말이니? 너는 아름다운 얼굴을 가졌으니 한라봉 마을의 첫 번째 베스티가 될 수도 있겠는걸?"

"베스티? 처음 들어본 말인데, 그게 뭐야?"

옴팡이는 외딴곳에서만 살아온 봉봉이에게 곧 열리는 베스티 대회에 관해서도 이야기 해 주었어요.

"베스티는 과일나라에서 1년에 한 번씩 열리는 가장 큰 축제,[bob!] (best of best) 대회에서 뽑힌 과일에게 붙여지는 이름이야"

"우와 정말이야? 나도 베스티가 되고 싶어!"

"그렇다면 이번 베스티축제에 나가보는 거 어때? 내가 도와줄게""좋아!" 봉봉이는 설레는 마음으로 옴팡이를 따라나섰어요.

봉봉이는 옴팡이와 함께 과일나라 여행을 시작했어요.

여러 과일 마을들을 찾아가 베스티들을 만나보기도 하고

최고의 베스티가 되기 위해, 더 아름다운 자신의 매력을 뽐내려

열심히 노력하고있는 다른 과일들도 여럿 만나보았죠.

다른 과일들 모두 조금이라도 더 아름답고 예뻐지려고 애쓰고 있었어요.

그러다 얼마 후 베스티를 뽑는 bob! 대회가 한라봉 마을에도 열리게 되었어요.

모든 한라봉들이 제일 멋진 옷과 예쁜 얼굴로 단장하고 대회에 참가하였어요.

"모두들 너무 아름답고 반짝거려. 내가 과연 나가서 우승할 수 있을까? 난 다른 한라봉들과 달리 붉은색 얼굴이 우스꽝스러운걸.. "

"봉봉아 무슨 소리야! 아름다움에 기준이 어디있어! 네가 우스꽝스럽다고 한 그 껍질이 내눈에는 세상에서 가장 달콤하고 아름다워 보이는걸?"

옴팡이의 응원의 말에 구경만 하던 봉봉이도 용기를 내어 대회에 참가하게 되었어요.

대회에 참가한 봉봉이를 보자마자 다들 한라봉들은 모두 웅성거렸어요.

"주황색의 한라봉이 아닌 빨간색 한라봉은 처음 봐."

"그러게, 촌스럽게 왜 저렇게 빨개?"

다른 한라봉들은 여기저기서 낄낄거리며 비웃었어요.

여기저기에서 들려오는 소리에 부끄러웠던 봉봉이의 얼굴은 이 날따라 유독 더 빨갛게 보였어요.

대회의 시작을 알리는 사회자의 멘트가 시작되었어요.

"여러분! 베스티는 가장 아름답고 달콤한 과일을 뽑는 대회입니다!"

첫 번째로 심사위원은 요리조리 한라봉들의 모습을 살펴보며 외모 측정 평가를 했어요.

두 번째 평가도 곧 시작되었어요.

"이번에는 bob! 대회의 하이라이트! 당도 측정 심사를 시작하겠습니다!"

모두가 긴장한 가운데 당도 측정이 시작되었고 봉봉이의 순서가 되자 모두가 깜짝 놀랐어요.

다른 한라봉들에게 놀림받던 봉봉이의 당도가 그 누구보다 최고 높게 올라갔기 때문이에요.

한라봉 가운데 역대 최고의 단맛이 나왔고 신맛은 낮게 측정 되었어요.

봉봉이는 시지도 않고 달달함이 최고인 과일이 었던거에요.

"이럴 수가! 어디에서 왔는지도 모르고 얼굴도 촌스러워보였던 봉봉이가 베스티가 되다니!

겉모양만 아름다운 과일이 가장 맛있는 과일이 아니었구나!"

한라봉 나라의 베스티가 된 봉봉이는 정말 기뻤어요!

매년 열리는 가장 아름답고 맛있는 과일을 뽑던 bob! 대회는 봉봉이를 필두로 겉모습만 아름다운 것이 중요하지 않다는 것을 알려주었어요.

그리고 한라봉 나라의 베스티 봉봉이는 bob! 대회의 스타로 큰 인기를 가지게 되어 촌스럽고 돌연변이라고 놀림 받던 빨갛고 당도가 높은 봉봉이 친구들까지 모두 "태양의 한라봉"이라는 새로운 베스티 그룹으로 탄생하게 되었답니다.